從馬可波羅到馬戛爾尼

蒙古時代以降的內亞與中國

蔡偉傑——著
蒙古史、內亞史專家

目錄

前言　006

【I】世界史上的內亞、遊牧民與絲綢之路

歐亞歷史上的輻輳之地　013

歐亞遊牧文明起源的新認識　029

超越民族國家的視野——導讀《遊牧民的世界史》繁體中文版　041

絲綢之路的兩種歷史詮釋　053

歐亞皇室狩獵的長時段歷史——評介《歐亞皇家狩獵史》　067

【II】蒙古時代的先聲與其歷史遺產

安史之亂至蒙古時代的歐亞歷史趨勢
——導讀《疾馳草原的征服者》繁體中文版 081

印度視角下的蒙古征服中亞史——評介《蒙古帝國中亞征服史》 095

「成吉思大交換」與蒙古治世——評介《世界歷史上的蒙古征服》 105

蒙古帝國是如何「發明」世界史的？——評介《世界史的誕生》 115

成吉思汗的宗教自由政策及歷史遺產
——導讀《成吉思汗與對上帝的探求》繁體中文版 125

馬可波羅是否到過中國？——評介《馬可波羅到過中國》 135

世界史上的蒙古時代及歷史遺產
——導讀《蒙古帝國的漫長遺緒》繁體中文版 151

【III】後蒙古時代的明清帝國

從小中國到大中國的明清史再思考——評介《紫禁城的榮光》 165
作為清帝國建構制高點的承德——評介《新清帝國史》 175
從內亞與日本視角反思清史與「華夷史觀」——評介《大清帝國與中華的混迷》 185
清代的八旗制度與滿洲身分認同——評介《滿洲之道》 197
滿洲漢化問題新論——評介《滿人的再定位》 209
「新清史」視角下的乾隆皇帝與馬戛爾尼使團——評介《乾隆帝》 223
清朝的情報搜集與邊疆政策的轉型——從馬世嘉的近作談起 235
美國「新清史」的背景、爭議與新近發展 257

註釋 314

前言

一二〇六年，成吉思汗建立了大蒙古國，後來擴張為橫跨歐亞大陸的蒙古帝國，開啟了世界史的新頁。這個時期被日本京都大學教授本田實信稱為「蒙古時代」。[1]日本東洋史家岡田英弘認為蒙古帝國是世界史的開端。[2]日本京都大學教授杉山正明更主張在「蒙古治世」（*Pax Mongolica*）之下，歐亞世界漸趨一體化，蒙古帝國成為歐亞時代的頂點，在這個基礎上，之後才有了當代以美國為主的全球化時代。[3]

自一二六〇年後，蒙古帝國逐漸分裂為四大汗國，即大元、金帳汗國、察合台汗國與伊利汗國（舊譯伊兒汗國）。在十四世紀後半葉，各地的蒙古汗國逐漸瓦解，之後在歐亞大陸上建立的政權都或多或少了繼承了蒙古帝國的遺產。諸如中亞的帖木兒帝國繼承了察合台汗國，帖木兒的後裔後來又建立了印度的莫臥兒王朝（亦譯為蒙兀兒王朝）。而俄羅斯帝國的前身莫斯科公國則是在金帳汗國的扶持下興起的。至於大元在關內的繼承者大明則在制度與學術思想上受到前朝的影響，而在關外的北元大汗則持續存在，直到一六三五年，最後一任蒙古大汗察哈爾部的林丹汗病死，其子額哲向新興的女真金國大汗皇太極投降，隔年皇太極改國號為大清。清朝承繼了自成吉思汗以來的蒙古帝國正統。在這個意義上，清朝也可以被視為元朝的繼承者。[4]據此，可以說即便在蒙古帝國崩潰後的後蒙古時代，蒙古帝國的歷史遺產仍舊影響著歐亞歷史的發展。

本書以馬可波羅（Marco Polo）與馬戛爾尼（George Macartney）作為書名的原因在於，一方面這兩個人物在蒙古帝國史與清史上都相當著名，前者是蒙古時代著名的旅行家，後者是清代著名的英國外交使節，在時間上也能呼應本書從蒙古帝國到大清帝國的基本架構；另一方面是本書內容分別涉及了關於這兩人的一些歷史爭議：包括（一）馬可波羅是否到過中國？以及（二）馬戛爾尼使團的失利是肇因於乾隆皇帝對外顢頇無知或是另有原因？

本書在架構上，依主題分為三個部分：「世界史上的內亞、遊牧民與絲綢之路」、「蒙古時代的先聲與其歷史遺產」與「後蒙古時代的明清帝國」。每個部分由五至八篇短文組成。每篇文章基本上以引介一本或數本書為主軸，或是從評述新近學術議題的發展入手，其中包括了絲綢之路是否已經衰微、馬可波羅是否到過中國，以及美國「新清史」的相關爭議等，透過引入相關研究與討論來進行對話，希望借此將蒙古時代以降的內亞與中國史方面的學界新近研究動向與相關作品引介給讀者。

必須說明的是，本書是一本評述性的科普書籍，而非原創性的研究著作。雖然本書並非為本領域的專家學者所創作，但也許書中有些地方會讓他們感興趣。因此，本書還是提供了注腳，而正文中的頁碼則指所評書的頁碼，以方便有興趣的讀者按圖索驥。

本書得以面世，首先要感謝八旗文化的總編輯富察，在他的支持下拙著才得以出版。他長期以來為普及臺灣的內亞史地相關的知識與書籍貢獻良多。我們過去也有著長久的合作。拙著能由八旗文化出版，我感到相當榮幸。其次，我也要感謝上海東方出版中心的彭毅文編輯。在她的提議下，我才動念將過去在學術期刊與報章媒體上發表的評述與通論性文章改寫結集。另外也要感謝《澎湃新聞·上海書評》、《經濟觀察報書評》、

《歷史人類學學刊》、《中國邊政》與《政治大學民族學報》同意，讓我使用先前在這些刊物上發表過的文章。另外還要感激許多在寫作過程中給予過意見與協助的師長朋友們，只是限於篇幅未能一一列名。然而，書中若仍有任何錯誤，肯定是本人的疏漏所致。還請廣大讀者多多指教。

蔡偉傑

二〇二〇年六月二十四日於臺灣新北

「內亞」（Inner Asia）又稱「中亞」（Central Asia），古稱「河中」，位於歐亞大陸的中央內陸地帶，是古代連結東西方的關鍵地區及「絲綢之路」的必經要道。日本學者林俊雄認為「內亞」同時也是人類歷史上已知最古老的騎馬遊牧民，如斯基泰人與匈奴人的起源地。

上圖為威尼斯地圖學家毛羅繪製於西元十六世紀的《毛羅地圖》(Fra Mauro map)，其方位上南下北，清楚描繪了歐亞大陸的輪廓及整體性，為近代世界史上最重要的地圖之一。在該圖中，中央的「內亞」地區位於全圖的視覺重心，充分呈現其在歐亞大陸地理位置上的重要性。該圖現藏於威尼斯的馬爾恰那圖書館（Biblioteca Nazionale Marciana）。

I

世界史上的內亞、遊牧民與絲綢之路

歐亞歷史上的輻輳之地

所謂「內亞」（又譯為內陸亞洲或亞洲內陸）是英文 Inner Asia 的中譯，日文作「內陸アジア」。最早是美國蒙古學家歐文．拉鐵摩爾（Owen Lattimore）在其一九四〇年的名著《中國的亞洲內陸邊疆》一書中使用這個詞之後，才開始在學界普遍流行。[5] 有關「內亞」的定義，以印第安納大學內陸歐亞學系榮退教授丹尼斯．塞諾（Denis Sinor）的定義最廣為學界所接受；他在《內亞：歷史－文明－語言：課綱》（一九六九年初版，一九七一年修訂版）一書中認為內亞很難用地理領土來定義其範圍。[6] 內亞基本上是指歐亞大陸定居文明以外的部分，由於這些文明在歷史上的領域時有變化，因此內亞的範圍也會隨之改變，而真正的文化邊界則藏在這些人的心中。塞諾基本上將內亞視為 Central

Eurasia（譯為內陸歐亞或中央歐亞）的同義詞，但後者較為清楚。另外也有學者使用Inner Eurasia（內陸歐亞）之名，範圍與意義差不多且不至於產生歧義。

一般人常常會問的一個問題是，內亞跟中亞是不是同義詞？這裡也順帶解釋一下：Central Asia 的中譯是「中亞」，日譯則為「中央アジア」。俄羅斯學界對於中亞則有兩種說法，一種是Центральная Азия，也就是Central Asia的音譯；蘇聯時期一般傳統用Средняя Азия，意即中部亞洲（Middle Asia），差不多是今天中亞五國去掉哈薩克斯坦的區域（包括吉爾吉斯斯坦、塔吉克斯坦、烏茲別克斯坦、土庫曼斯坦）。至於聯合國教科文組織所出版的六卷本《中亞文明史》對中亞的定義則接近「內陸歐亞」，但範圍仍然較小。[7]

在介紹完「內亞」的概念後，接下來先回顧其在過去世界史研究中的地位。基本上，內亞在世界史的地位上，一直以來都不是一個熱門的話題。針對這個課題的專論，主要有以研究中國史聞名的艾茲赫德（S. A. M. Adshead）在一九九三年由聖馬丁出版社所出版的《世界史上的中亞》（*Central Asia in World History*），其餘則散見於各相關書籍。相較於「中國」在世界史學界中所受到的重視，內亞的研究相對少了許多，但是自二十世紀九〇年代以來，這個問題開始得到注意。這裡將以兩位世界史家的研究作為引子，來談談世界史學者如何看待作為世界史分析單位的內亞及其中央性。

首先介紹的是以研究現代世界體系聞名的德國歷史學家安德烈・貢德・弗蘭克（Andre Gunder Frank），他於一九九二年發表了一篇論文，名為〈中亞的中央性〉。[8]他所談的中亞其實在範圍上跟內亞很相近。在這篇文章中，他談到過去的世界史家一般都將中亞視為某些定期移民或攻打周邊文明之侵略者的起源地。而藝術史與宗教史家則視中亞為各個文明之間彼此交流文化成就的移動空間，或是宗教人士來往留下足跡的地方。雖然作者認為中亞就像是個黑洞一樣廣大而黑暗，但是它也是周邊民族與文明聯結與互動的重要地區，是歐亞史與世界史的「失落環節」。歷史在傳統上都是由勝利者來書寫的，然而中亞長期以來是勝利者的家園，卻很少留下當地人所寫的歷史。而周邊定居文明所描寫的中亞民族則充滿了各種民族自我中心偏見，而將他們視為野蠻人。加上後來受到冷戰政治情勢影響，外國研究者很難涉足中亞，這也導致他們與外界隔絕。弗蘭克認為應該改變這種情況，並應分析中亞在世界體系中的地位。他主張應該拋棄視中亞為遊牧蠻族家園的看法，實際上中亞也是許多高度開化與都市化民族的家園。另外，他也認為專業化的畜牧業其實是早先為定居農業民族為了適應生態、氣候與經濟危機時所採取的適應措施。因此畜牧與農業並沒有高下之分。

弗蘭克認為，從世界體系的角度來看，資本積累是世界體系發展的主要力量，而中亞也確實加入到這個資本積累的行列當中，而這些資本主要是從周邊定居文明所得到的。而世界體系中存在著核心與邊陲，核心透過與邊陲之間的剝削性結構關係而得以積累資本。而過去認為中亞雖然在軍事與政治上有優勢，但是還不足以建立與維持一個經濟上的中心與邊陲的關係。但至少在十三世紀成吉思汗至忽必烈汗統治期間的蒙古帝國以及其首都哈剌和林，透過來自周邊文明的貿易與進貢，確實成為了一個體系的核心，只是蒙古人無法以其不合適的經濟機制來維持這種核心與邊陲的關係。弗蘭克主張過往世界體系的中心在十五世紀時經歷了一場巨變，而海權與海上貿易的興起，加上其核心從東方往西方移動的重力，使得中亞陷入黑暗之中。

另外一位則是以研究大歷史（Big History）聞名的美國歷史學家大衛・克里斯蒂安（David Christian）。他在一九九四年發表了一篇名為〈作為世界史單位的內陸歐亞〉的論文。[9]他認為民族國家並不適合作為世界史分析的單位，而帝國只在某些時期適合。宗教、語言、文化與生活方式則過於多樣而易變，因此都不適合。然而世界體系作為一個分析單位又嫌過大，難以操作。他認為以一個基於地理學的大型區域作為世界史分析的單位是比較妥當的，而內陸歐亞正符合這樣的需求。他所謂的內陸歐亞基本上是蘇聯統治的區域加上前蒙古人民共和國（今蒙古國）與中國的內蒙古和新疆地區，相對於外部歐亞（Outer Eurasia）。而波蘭、匈牙利與中國東北則可視為內陸歐亞的邊地，而北邊則以苔原與北極海為界。他認為在政治、地理與生態上，內陸歐亞都是自成一格。在舊石器時代，內陸歐亞主要以狩獵為主，而非採集；新石器時代則以畜牧業為主，而非農業。

在政治史上，內陸歐亞長期以來就從屬於數個廣大的帝國。在二十世紀，內陸歐亞基本上受蘇聯主宰，而其勢力更延伸至蒙古與新疆。在此之前，沙俄帝國也統治了差不多的領土。若我們再往前追溯，自六世紀起，如突厥帝國就統治著從中國東北到伏爾加河之間的領域。十三世紀的蒙古帝國所控制的領土更為廣大。所以這四個帝國大約形塑了內陸歐亞一體的政治史。而這種情況與內陸歐亞自身的地理和生態是分不開的。內陸歐亞的地理構造缺乏對軍事擴張的屏障，因此在軍事政治上可以視為一個自然單位。內陸歐亞的大陸性氣候相對乾燥，且溫差較大，自然生產力也相對較低。但是它位於歐亞陸塊的中央位置導致它成為各種交流的場域，例如絲綢之路。而這種低落的生產力與歐亞中央位置結合導致了內陸歐亞社會得以極度集中與動員稀少的資源。這使得它的歷史發展軌跡與外部歐亞不同。他並且提出了形塑該地區歷史的五種適應模式：

（一）狩獵（距今四萬年前）；（二）畜牧業（自新石器時代起，西元前四千年，出現次級產品革命），農業（約起源自西元前六千年）；（三）遊牧（西元前三千年出現，在西元前二千年成為重要的歷史動力，遊牧民族的移動力是其軍事成功的關鍵，自西元前一千年至西元一千五百年左右，遊牧生活方式主宰了內陸歐亞的歷史）；（四）農業獨裁（約西元一千年，斯拉夫農民在森林草原地區發展起來，與遊牧民族有共生關係，其代表為基輔羅斯與莫斯科大公國）；（五）蘇聯計劃經濟。克里斯蒂安主張，史達林主義能夠有效動員資源，不過在使用資源上缺乏效率，也因此無法面對資本主義社會的挑戰。然而，如今工業技術的發展已經能夠彌補內陸歐亞的低度生產力與地理中心位置，也因此內陸歐亞失去了在世界史上作為獨特單位的地位。

前述兩位世界史學者的研究大致上反映了二十世紀八〇年代末至九〇年代初期冷戰末期世界史學界如何看待內亞在世界史上的地位。當時的內亞在共產主義陣營控制下，確實隔絕於外部世界，對於世界史的發展進程影響不大。但是在冷戰結束後，內亞再度向世界開放，在這種新局面下，學界又會如何重新估量內亞的歷史地位呢？這裡筆者想要引薦一本由內亞史家所撰寫的近作，即《世界史上的中亞》。[10]作者彼得．高登（Peter B. Golden）為美國羅格斯大學（Rutgers University）歷史系榮退教授，以突厥民族史研究享譽學林。需要補充說明的是該書雖然以中亞為名，但是實際上採用的是廣義的中亞定義，與內亞大致相符，因此仍舊適合拿來談論內亞在世界史上的地位。

該書除導言外，正文共分為九章。導言以「民族的層積」為題，說明了中亞的自然與人文地理環境。作者將中亞分為東西兩大部分。中亞西部以中亞五國為主，即歷史上所稱的西突厥斯坦，當地居民主要為操突厥或波斯語的穆斯林。不過中亞穆斯林世界還可以納入今天的中國新疆，即歷史上所稱的東突厥斯坦；而中亞東部則包括蒙古國、中國內蒙古與西藏等地，主要信奉佛教。在語言上，中亞的兩大語系為阿爾泰語系與印歐語系。在歷史上，草原牧民與周邊農業國家之間的互動形塑了我們對中亞的主要知識。而定居社會對於這些遊牧民族的歷史記載則充滿了文化偏見。

第一章「遊牧與綠洲城邦的興起」從現代智人（*Homo sapiens*）於距今四萬年前從

非洲進入中亞談起，探討中亞的史前史。人類約在西元前四千八百年馴化馬匹，西元前三千七百年掌握騎馬技術，西元前二千年遊牧發展成熟。而人類對馬匹的控制加上複合弓的發明，使得騎馬民族取得軍事上的優勢。早期的馬車技術很快就成為明日黃花。動物則是重要的財產與食物來源，其中馬、羊是衡量財產多寡的主要標準，另外還有駱駝、山羊與牛等畜群。遊牧民族的領袖一般會設法控制綠洲城市，因為當地的商業與農業能夠為他們帶來食物與稅收，而遊牧民族與綠洲城市兩者間有著共生關係。

第二章「早期遊牧民族：『明以戰攻為事』」從西元前三千至二千五百年間操印歐語的民族在歐亞大陸分為兩支系談起，一支進入中國新疆成為吐火羅人（Tokharians）的祖先，另一支雅利安人（Aryans）則向東進入西伯利亞、蒙古、中國新疆與巴基斯坦北部。在中亞，操伊朗語的遊牧民族被波斯人稱為塞人（Saka），希臘人則稱之為斯基泰（Scythians）。他們以擅長騎射或使用戰車聞名。稍晚從伊朗與吐火羅邊境進入蒙古的遊牧民族匈奴人於西元前一二八年興起，並且與南方的秦漢帝國對抗。而在同時期的西方，貴霜帝國（Kushan Empire）與匈人（Huns）也逐漸形成。貴霜帝國崇奉祆教與佛教，並且大力支持農業、商業與藝術，融合了印度與希臘羅馬風格的犍陀羅藝術盛行一時。西元二三〇至二七〇年間，貴霜帝國衰微並被波斯薩珊王朝（Sassanids）取代。在西元四世紀時，後者受到來自北方的匈人襲擊。這個長時段的遷徙也導致了西元四四〇年匈人領袖阿提拉（Attila）入侵羅馬。但無論是匈奴或匈人，都未能對中國或羅馬造成致命威脅。

第三章「天可汗：突厥與其後繼者」從漢朝與匈奴崩潰後的歐亞局勢談起，提到新興的三大勢力，包括控制中原的北魏拓跋氏、控制蒙古的柔然（即阿瓦爾人），與控制貴霜舊地的嚈噠（Hephthalites）。這三個國家對整個歐亞產生了漣漪作用。西元六世紀初，柔然的內亂加上鐵勒的反叛成為突厥興起的背景。學界對於突厥的祖源仍舊不太清楚。不過其統治世族名為阿史那，可能是源自東伊朗語 *ashsheina* 或吐火羅語 *ashna*，意為藍色，這在突厥以顏色命名方位的傳統（可能借自中國）中有東方之意。在乙息記可汗科羅與木杆可汗的先後統治下，突厥的版圖快速擴張成為史上第一個東起中國東北西至黑海的跨歐亞帝國。而突厥可汗受命於天（Tengri）的意識形態也成為後世遊牧帝國效法的對象。

第四章「絲路城市與伊斯蘭教的到來」討論的是阿拉伯帝國入侵中亞河中地區以前的絲路城市與貿易。當時控制絲路貿易的商人多半為粟特人（Sogdians），他們多半以家族公司的形式存在，並且在主要城市與地方聚落中設立據點。在中國，許多粟特人也出任官員和將領，或以農夫與牧馬人為業等。其社群領袖被稱為薩寶（*sartapao*，源自梵文 *sârthavâha*，意為商隊領袖）。在當時，諸如塔里木盆地的喀什、焉耆、庫車與和闐等是中亞東部的重要綠洲城市。唐與吐蕃雙方都曾試圖控制此處。在中亞河中地區則以花剌子模、撒馬爾罕與布哈拉（Bukhara）等為主。當時波斯語成為中亞主要的書面語，但是突厥語則成為重要的共同口頭語。西元十一世紀末編寫《突厥語大詞典》的麻赫穆德・喀什噶里（阿拉伯語轉拼音：Mahmûd al-Kâshgharî）就曾經指出在中亞城市中多數的人口都能使用突厥與粟特雙語。

第五章「新月高掛草原：伊斯蘭教與突厥民族」介紹了突厥帝國崩潰後到蒙古帝國興起以前的中亞情勢。不同支系的突厥民族彼此互相攻戰，也產生了大量的民族遷徙，例如西元八世紀七〇年代被葛邏祿（Qarluqs）逐出中亞河中地區的比千人（Pechenegs）後來被迫遷徙到東歐。另外這個時期是伊斯蘭教從城市傳到草原地區的重要時期，其中波斯的薩曼王朝（Sâmânid）起了重要作用。特別是伊斯蘭教神秘主義的蘇非派（Sufism），由於其形式與突厥薩滿信仰類似，因此較易被突厥遊牧民接受。而突厥人伊斯蘭化之後則反而逐漸強大，並且控制了原先的伊斯蘭腹地，例如塞爾柱帝國（Seljuk Empire）。

第六章「蒙古旋風」討論的是蒙古如何從一個部族聯盟而發展成為橫跨歐亞的大帝國。成吉思汗憑借著伴當（*nökör*）之力於一二〇六年統一蒙古各部，並且迫使畏吾兒歸順，征服了西遼、花剌子模，一二二七年在遠征西夏時過世，被穆斯林稱為「上帝之鞭」。其子孫延續了其擴張事業，征服了中國、伊朗與俄羅斯。不過後來中亞的蒙古征服者在語言上逐漸被當地的突厥與波斯人同化。蒙古帝國對全球史影響巨大，各種工藝、飲食與商旅都在這個時期產生交流。它作為世界上最大的陸上帝國，在歐亞大陸上首次建立了統一的通訊管道。部分學者認為這是早期世界體系的開始，也是現代世界的先聲。

第七章「後來的成吉思汗系各支後王、帖木兒與帖木兒帝國的文藝復興」討論蒙古帝國崩潰後在中亞代之而起的帖木兒帝國。蒙古帝國崩潰後，整個中亞在語言上的突厥化與對於成吉思家族後裔的忠誠成為重要特徵。帖木兒（Temür，一三三六至一四〇六年）巧妙利用察合台汗國內部的部族與氏族傾軋，於一三七〇年掌握大權。受制於非成吉思汗黃金家族（*altan urugh*）後裔者不得稱汗的原則，他娶了成吉思汗家族的後裔，並且以駙馬（*küregen*）自居，對穆斯林群眾而言，他則被視為「大異密」（Great Amîr）。他的勢力從中亞直達印度北部與小亞細亞，其子沙哈魯（Shâhrukh）與其孫兀魯伯（Ulugh Beg）崇奉伊斯蘭教，並且獎掖科學與文藝。天文學、數學、波斯與察合台突厥文學和細密畫等都在這個時期得到發展。另外帖木兒在與奧斯曼帝國（亦譯為鄂圖曼帝國）的戰爭中使用了火炮，這也使得火藥在中亞進一步得到傳播。但是當周圍定居帝國的火器技術上日新月異時，中亞卻陷入停滯。這也使得中亞逐漸失去武力優勢。

第八章「火藥時代與帝國崩潰」探討自十六世紀初起，中亞處於周邊帝國的夾縫中，並在競逐過程中逐漸落居下風的過程。在西方，立基於伊朗的薩法維帝國（Safavid Empire）將伊斯蘭教什葉派定為國教，並且切斷了以當時信奉遜尼派的中亞與其盟友奧斯曼帝國的聯繫。在北方，在征服了金帳汗國的後繼者之一伏爾加汗國後，一五四七年莫斯科大公伊凡四世自立為沙皇（tsar），並視自己為拜占庭皇帝與成吉思汗家族的繼承人以及基督教的保護者。此後俄國的勢力開始進入中亞，並且在中亞傳布東正教。當時中亞牧民正苦於天花與其他疾病肆虐，這也有利於俄國的侵逼。俄國對中亞的入侵一直到十七世紀後期遭遇由滿洲人建立的大清帝國才首次受阻。東方的清朝作為藏傳佛教的保護者也正向中亞擴張。另外在這個時代中，蒙古重新信奉藏傳佛教的結果則是造成中亞世界分裂為以穆斯林為主的突厥－波斯世界與以佛教徒為主的蒙古世界。在這個時期，中亞與外部世界之間的武力平衡也逐漸打破。十七世紀中葉，前者的複合弓與後者的火繩槍之間還算平分秋色。但是到了十八世紀中葉，燧發槍已經取得優勢。有些遊牧民族拒絕使用槍炮，因為這種武器並不適合傳統遊牧民族的戰術；有些則願意接受槍炮，但是大部分缺乏量產的工業能力或是足夠的財力來購置。因此總體來說，中亞遊牧民族在軍備競賽上逐漸落居下風。到了十九世紀末時，中亞大部都已在沙俄與大清的控制下。

第九章「現代性的問題」從十九世紀初英俄兩國在中亞的大博弈（the Great Game）談起，討論中亞對於外界認識的增長以及在現代化過程中所面臨的挑戰。當時俄國治下中亞的哈薩克與布哈拉、浩罕與希瓦三汗國，大清治下的新疆與蒙古，人民的生活條件普遍惡劣，疾病與貧窮困擾著中亞人民。蘇聯成立後，中亞各地紛紛改制為蘇聯的加盟共和國，並逐漸演變成今日所見的中亞五國。但是在蘇聯時期所進行的民族識別與國家建構，在中亞傳統的部族與氏族身分上，增加了新的身分認同，在蘇聯解體、中亞五國獨立後仍然持續影響至今。至於在大清治下的中亞，在清朝崩潰後，外蒙古獨立，成為蘇聯的保護國，蘇聯解體後放棄了社會主義制度。新疆則被數個軍閥所掌握，直到一九四九年中國中央政府重新取得控制，但是仍然存在東突分離運動的隱憂。

就該書的特點而言，前述艾茲赫德一書受到美國內亞史家傅禮初（Joseph Fletcher）的「歷史連鎖」（interlocking of histories）理論影響，因此在記述上詳於一二〇〇年以後的歷史。而該書則是按照時序所寫的中亞史導論，因此從上古到今日的中亞史都濃縮在這本不到兩百頁的小書中，在寫法上較為平鋪直敘，也壓縮了分析的空間。除了引用美國世界史家杰里・本特利（Jerry H. Bentley）、大衛・克里斯蒂安與前揭艾茲赫德的研究外，該書似乎也絕少引用世界史學者的近作。但是這並不表示它自外於新的學術潮流。

首先，該書吸納了近年中亞史的最新研究成果。例如過去學界認為匈人與稍早的匈奴之間並無關聯，但是作者指出近二十年來的研究已轉而承認兩者間的關係，並認為是匈奴帝國崩潰後東邊遊牧民族西遷的結果（頁三三）。另外，該書也響應了近年來學界對於中亞在近代世界體系中所處地位的爭辯。過去學界認為由於十六世紀歐洲通往東方與美洲的海路貿易發達加上十七世紀小冰河期（Little Ice Age）所造成的氣候變遷與全球危機，導致了中亞的衰退與邊緣化。但是該書引用新研究說明近代史上中亞仍然是世界貿易體系的一部分，只是在貨品與通路上有所改變。貨品的流通從過去的東西向改為南北向。中亞成為俄國與中國、印度貿易的中繼站，奴隸、馬匹與毛皮成為主要貨品。但是中亞某些地區確實出現經濟衰退與人口減少的現象，這與沙俄和大清的侵逼有密切關係，例如哈薩克人與衛拉特蒙古人（頁一一五至一一六）。據此看來，作者實揭示了這個問題在不同層面上的複雜性。

總而言之，冷戰末期的世界史學界所描繪之世界史上的內亞，呈現了一幅明日黃花的景象。然而彼得．高登的近作不僅反映了內亞學者對於「世界史上的內亞」這類議題的新貢獻，並且提升了相關研究的深度與廣度。如今在中國的「一帶一路」倡議下，內亞也獲得了新的發展機遇。未來學界又要如何書寫這段時期內亞在當代世界中的地位，則是我們所要面對的新挑戰。

本章部分內容曾見於〈評 Peter B. Golden, *Central Asia in World History*〉，《全球史評論》第七輯（二〇一四年），頁二九二至二九六。

歐亞遊牧文明起源的新認識

在歐亞世界的歷史長河中，騎馬遊牧民常常扮演著傳遞東西文化的角色，而他們與定居民族與之間的交往與衝突更是推動歷史演進的主要動力之一。而分據歐亞東西兩端的匈奴與斯基泰，則是開騎馬遊牧民先河的兩個族群。他們在歷史上建立了強大的遊牧政體，並且對南方的定居文明造成威脅。但由於騎馬遊牧民很少留下本民族的歷史記載，因此後世要了解他們的歷史，常常得仰賴定居民族對他們的描述，而這些描述又不免帶有偏見，並且視騎馬遊牧民為野蠻與殘暴的族群。時至今日，透過考古發掘與科學分析，讓我們在文獻史料之外，有了更多的材料能夠重建這些騎馬遊牧民的歷史圖像。而接下來要討論的這本《草原王權的誕生：斯基泰與匈奴，早期遊牧國家的文明》（《スキタイと匈奴遊牧の文明》)可以算是結合傳世文獻與新近考古成果，建構斯基泰與匈奴歷史的嘗試。

該書原為日本講談社慶祝創社百年所發行的「興亡的世界史」叢書第二卷，初版於二〇〇七年，後來於二〇一七年發行文庫版；如今於二〇一九年二月由八旗文化發行繁體中文版，譯者為陳心慧。該書作者林俊雄為日本古代中央歐亞史與中亞考古學家，現任創價大學文學部教授。研究主題包括遊牧民國家的出現與擴張、歐亞大陸草原上的石像、絲綢之路上獅鷲圖案的傳播，以及馬具與打火石的起源等等。著有《歐亞大陸的石人像》(雄山閣，二〇〇五年)、《獅鷲的飛翔——以聖獸觀察文化交流》(雄山閣，二〇〇六年)、《遊牧國家的誕生》(山川社，二〇〇九年)；合著則有《中央歐亞史》(山川社，二〇〇〇年)、《中央歐亞的考古學》(同成社，一九九九年)。

林俊雄不贊同已故東京大學東洋史名譽教授江上波夫所提倡的「騎馬民族」概念，並選擇用「騎馬遊牧民」一詞來稱呼斯基泰與匈奴的緣由：他認為所謂「民族」概念作為自古以來就存在的實體，恐怕不適用於古代歐亞的遊牧民，因此選擇了比較中性的「騎馬遊牧民」一詞。斯基泰是歷史上有記載的騎馬遊牧民當中最古老的一支，他們於西元前八世紀起就活躍於今高加索與黑海北方的草原地帶和西亞地區，成為波斯帝國與希臘的重要對手。匈奴則是稍晚於西元前三世紀登上歷史舞台，他們以今蒙古高原為根據地，和東亞的秦漢帝國相對峙。可以說他們塑造了後世遊牧與定居社會互動的模式，因此有必要深入探討。

首先騎馬遊牧民的誕生需要有一系列的條件配合。林俊雄認為遍布蒙古高原的赫列克蘇爾（俄語：*khereksur*）石塚不僅是象徵騎馬遊牧民興起的遺跡，也是顯示草原權力產生的指標。而騎馬遊牧民在歐亞草原上的登場也歷經了一段漫長的過程。最早是西元前七千至前六千五百年間，羊逐漸成為主要的家畜。接著自西元前五千五百年開始，氣候開始逐漸暖化，開始出現草原乾燥化的情形。但是促進草原遊牧化的因素，除了氣候以外，還有技術層面的因素，即車與騎馬技術的發展。西元前三千五百年左右，在美索不達米亞發明了車。到了西元前二千年，在烏拉爾山東側以南西伯利亞與中亞出現了安德羅諾沃文化（Andronovo culture），以及西側的斯魯布納亞文化（Srubnaya culture），已知這兩種文化開始製造青銅物品。到了西元前一千年左右，人類開始使用馬銜（馬嚼子）與馬鑣。而到了西元前九至前八世紀，草原上騎馬的證據突然暴增，而這被視為是斯基泰系文化的起源。

林俊雄梳理了文獻與考古材料，試圖說明斯基泰人的起源。他以希羅多德（Herodotus，西元前四八四至四二〇年）的《歷史》為例，討論了希臘文獻中對斯基泰人起源的三種說法，分別為宙斯後裔說、海克力士（Heracles）後裔說，以及外來說。作者認為只有第三種外來說缺乏神話色彩，才是最可信的說法。簡言之，外來說主張斯基泰人原先為亞洲的遊牧民，但因為不敵馬薩革泰人（Massagetae）入侵，因此西遷至高加索北方至黑海北岸的草原地帶，驅逐了當地的原住民辛梅里安人（Cimmerian）。然而直到一九八〇年代前，外來說在考古學界（特別在蘇聯）並不是主流看法。作者一方面歸因為蘇聯考古學受到唯物史觀的指導，重視社會內部生產力的發展，忽略外來影響，另一方面當時也確實尚未發現東方草原上存在更早的斯基泰人遺跡。這種情況要到一九七〇年代前半，位於南西伯利亞的圖瓦共和國境內發現了阿爾贊（Arzhan）古墳（一號墳）後，斯基泰人外來說才逐漸成為主流學說。

斯基泰文化的特徵為其風格強烈的動物圖案，特別是在馬具與武器上的紋飾或裝飾。自十九世紀末至二十世紀初，許多中後期的斯基泰古墳在北高加索與黑海北岸被發現，並且伴隨著大量的精緻金銀製品出土，當中充滿了希臘與西亞影響的痕跡，而又以西亞較早。因此過去認為斯基泰藝術起源於西亞，但隨著歐亞東部草原考古的開展，東方起源論逐漸占據上風。可以說初期斯基泰藝術並未受到希臘與波斯等鄰近文化的影響，充滿了原創性。斯基泰藝術受西亞影響之處體現在對猛獸、鹿眼的表現方式與石榴圖像的應用；而受希臘影響之處則彰顯在希臘風格的獅鷲（英文Griffin或Gryphon，也譯為格里芬）圖像的應用上。然而一九七一至七四年在圖瓦所發掘的阿爾贊二號墳，當中都未見西亞與希臘式的出土物。且該墳的時間約為西元前七世紀末，時間較西部遺址來得早，因此成為斯基泰藝術東方起源論的有力支持。

另外林俊雄還指出，從中國新疆伊犁河上游出土的塞迦文化物品中，發現了受到阿契美尼德王朝（Achaemenid Empire）與古典希臘時期風格影響的獅鷲圖像，而且在今阿爾泰共和國境內所發掘之斯基泰後期文化之巴澤雷克（Pazyryk）遺址中，也發現了中國的絲織品與戰國時代的鏡子。可以說早在張騫通西域以前兩三百年的時間，阿爾泰地區的人就已經開始跟歐亞東西兩端的文明進行交流了。張騫只是沿著原有的貿易路線旅行而已。作者以此強調了史前絲綢之路的存在及其重要性。

在歐亞大陸西部，也存在與斯基泰同期的其他文化。包括了義大利的伊特魯里亞文化、巴爾幹半島上的色雷斯文化與安納托利亞半島上的呂底亞文化。這些文化不僅在美術樣式上類似，而且都以大型圓形墳墓為主。作者介紹了圖瓦的阿爾贊古墳、哈薩克斯坦的齊列克塔古墳、別斯沙特爾古墳，與北高加索的克拉斯諾伊茲納姆亞一號古墳。這些古墳的出現代表從青銅器時代進入鐵器時代，生產力提高，掌權者所控制的財富也大幅增加。加上與地中海和西亞文明的交流，使得工藝技術也有所提升。這些巨大古墳的出現及豪華的陪葬金屬工藝品，顯示掌權者以此誇示權力，也象徵著王權的出現。斯基泰時代可說是草原的古墳時代。

到了西元前三世紀，匈奴登上了歐亞大陸東部的歷史舞台。作者主要以中文歷史文獻記載，搭配考古材料，以描繪其歷史發展軌跡。文獻部分大致以《史記》與《漢書》等正史的記載為主，敘述了冒頓與老上單于的故事。較有可觀之處的是他從考古證據來探討匈奴先祖與月氏。作者指出西元前四至前三世紀，北亞草原地帶的文化可以分為三個地區，分別是（一）北京、河北省地區；（二）內蒙古中南部；（三）寧夏、甘肅省地區。它們彼此間雖然稍有差異，但大致與黑海沿岸的斯基泰文化和阿爾泰附近的巴澤雷克文化相近。而關於月氏，作者傾向將其領域擴大解釋為蒙古高原西部至新疆。如此一來，巴澤雷克文化就可以被視為是月氏的遺留。這個說法最早由日本的榎一雄與蘇聯的魯堅科（Sergei Rudenko）等考古學家於一九五〇年代末期所提出。

林俊雄質疑了過去以文獻建構的匈奴政治社會體系，而且試圖用今日的蒙古文化與風俗來理解過去關於匈奴的記載。例如，《史記・匈奴列傳》中對匈奴社會中存在四王二十四長與其兵力共四十萬騎的記載，就被作者視為無法自圓其說。而為了解釋匈奴的王與將領名稱都帶有左右方位，他以今日的蒙古人方位觀坐北朝南來解釋，左手邊（蒙古語 *ziiün*）就是東方，右手邊（蒙古語：*baruun*）就是西方。另外司馬遷記錄匈奴無封樹堆土為墳之俗，從後來《漢書・匈奴傳》記載烏桓發掘匈奴單于墓一事，可以說明外人其實知道單于墓的方位，而作者利用了蒙古國諾彥烏拉古墳，來重建匈奴貴族墳墓的可能樣貌：即以方墳為主，並且出土漢代的絲絹與漆器。作者據此解釋所謂匈奴墳墓「無封」之俗，實際上是低墳丘之意，而且刻意不顯眼。另外，從文獻與考古證據（例如位於俄羅斯布里亞特共和國境內的伊沃爾加遺址）都說明，匈奴內部除了遊牧民以外，也存在西域綠洲與漢朝逃人所經營的農業聚落。另外，隨著歐亞東西兩端的物質文化交流開展，各種概念與文化也同時在不同人群中流通。例如帶有中國龍圖像的銅鏡與腰帶在阿富汗與黑海北岸出土，說明龍的母題也傳到了中亞與南俄。

匈奴與西元四世紀入侵歐洲的匈人是否為同源一事是過去學界爭論不休的話題。最早是由法國歷史學家約瑟夫・德經（Joseph de Guignes，一七二一至一八〇〇年）所提出的匈奴與匈人同源論所引發。對此，作者認為雖然匈人的作戰與生活方式與斯基泰、匈奴相同，很可能是亞洲系的騎馬遊牧民，但沒有足夠證據斷言匈人就是匈奴。而在西元三至六世紀前半葉間的前突厥時代，在歐亞草原西部，主要的考古遺物包括貴金屬工藝品、馬鞍裝飾與鍑（遊牧民族在儀式中使用的釜）。而馬鞍、馬鐙以及「匈型」鍑從歐亞草原東部傳到西部的過程，也說明遊牧民在歐亞大陸上不僅弘揚自身文化，並且也扮演促進東西文明交流的角色。作者在結語中也反思了斯基泰與匈奴這些由遊牧民所建立的國家是否能符合以定居民族的標準來衡量其文明程度，並且堅信遊牧民及其文化也會繼續在中央歐亞的草原上延續下去。

林俊雄在寫作該書時引用了許多蒙古國的新近考古成果，然而過去中文學界缺乏一本蒙古國考古學的綜述書籍可供讀者參照。如今有了新的譯作引進入中文世界，實為學界福音。這就是二〇一九年五月所出版，由前蒙古國科學院考古研究所所長策溫道爾吉、前烏蘭巴托大學考古學系主任巴雅爾等人合著的《蒙古考古》。[11] 原書蒙古文版於二〇〇二年發行，二〇〇八年發行俄文增訂版，由莫洛爾俄譯。簡體中文版由吉林大學考古學院教授潘玲與俄羅斯科學院西伯利亞分院遠東人民考古學、歷史學和民族學研究所博士生何雨濛等人翻譯。內容涵蓋了石器時代至蒙古帝國時期的蒙古國考古成果。

以該書開頭提及的赫列克蘇爾為例，《蒙古考古》一書對這個稱呼的來源做出了解釋（頁一七八）。該詞源自當地蒙古人見到這類遺存，誤以為是九世紀當地的黠戛斯人墓葬之故。但實際上赫列克蘇爾的年代比黠戛斯人至少早了一千年。另外還可以補上根據新疆文物考古研究所的特爾巴依爾對赫列克蘇爾的討論，他提到該詞源於蒙古語的Киргис хүүр（*Kirgis khüür*），意為黠戛斯人（據信為今日吉爾吉斯人或柯爾克孜族的先祖）之墓，後來才音轉為 *khirgisüür*。[12]

林俊雄質疑了《史記・匈奴列傳》中對匈奴社會中存在「四王二十四長」的說法，此處的匈奴四王即左右賢王與左右谷蠡王（頁二三五）。但是在同系列叢書中所收錄的京都大學東洋史名譽教授杉山正明的《蒙古帝國的漫長遺緒》中則有另外一番解釋。

杉山正明將匈奴的左右賢王視為最高的兩王，其下各領十二長，故有二十四長。杉山正明並且認為這個二十四長的組織可以對應到後來北周始祖宇文泰所設立的「西魏二十四軍」，還有十三世紀拉施特（Rashid al-Din）《史集》（波斯語轉寫拼音：*Jami' al-Tawarikh*）中記載的突厥源流神話〈烏古斯可汗傳說〉中烏古斯可汗六子下屬的二十四個軍事集團。杉山正明認為這種左右兩翼與二十四個集團編組，成為了後來成吉思汗二弟與四子下屬的二十四個千戶編制的原型。[13] 杉山正明這種結合傳說的討論，提供了讀者另一種解讀歷史記載的方式。

另外，林俊雄觀察到早期蘇聯考古學強調斯基泰人原生論，是因為受到唯物史觀的指導，重視社會內部力量演化，忽略外部影響的緣故。美國衛斯理學院考古學教授菲利普．科爾（Philip L. Kohl）過去是考古學界中批判唯物論與民族主義的一名健將。無獨有偶，他在《青銅時代歐亞大陸的形成》一書中，對中亞考古也有過類似的觀察。他認為過往與現今的中亞考古研究存在一種現象：即便研究認可了中亞與其南方與西方鄰接地區有人群移動以及密切的交流關係，但仍舊強調內部的演化發展。而這種強調首先是出自一種馬克思主義式的扭曲。[14] 這點也提醒我們應該注意意識形態與民族主義對考古學的影響。

該書附有詳盡的時代年表，也提供了許多的考古遺物圖片，讓人賞心悅目。不過在編輯過程中也出現了一些手民之誤，例如第二十三頁提到赫列克蘇爾源自蒙古語 *khirigsuur*，然而現代蒙古語寫作 Хиргисүүр，故拉丁轉寫應為 *khirgisüür*。第七十五頁提及俄羅斯語言學家瓦索·阿巴耶夫（Vaso I. Abayev），書中誤植為 V. Abaycv，這裡也提醒讀者注意。

綜上所述，該書是日本學界從世界史與考古學的角度，探討早期遊牧文明在歐亞大陸上的發展。作者不僅回顧了學界在這個領域的經典研究成果，並且也對一些過去研究中在理論與具體觀點上所存在的偏誤進行了批評。他在高度評價遊牧文明所取得的成就的同時，也不忘反思過去以定居農業文明的標準評價騎馬遊牧民歷史時可能產生的扭曲。該書值得對遊牧考古學與中央歐亞史前史有興趣的讀者細細品味。

本章部分內容曾見於〈「騎馬遊牧民」斯基泰與匈奴有何不同〉，《晶報．深港書評》，二〇一九年十月十四日，https://mp.weixin.qq.com/s/DSTvEVlspsrgk3AjR137-w?fbclid=IwAR0fNGfhnKO0Y7lL3B81eLOxCCAsnUae68B6UPpfHbhlGeFRkwgAp_RZbSo，二〇二〇年五月十六日。

超越民族國家的視野

——導讀《遊牧民的世界史》繁體中文版

近年來，日本蒙古史與世界史的相關著作在海峽兩岸的出版界掀起了一股前所未有的熱潮，其中又以京都大學東洋史教授杉山正明的著作為主。自二〇一一年以來由廣場出版社在臺灣發行精裝繁中譯本初版《大漠：遊牧民族的世界史》（《游牧民から見た世界史》）首先開啟了這股風潮。[15] 其後並持續出版杉山正明較早的其他作品，諸如《忽必烈的挑戰：蒙古與世界史的大轉向》[16] 與《顛覆世界史的蒙古》。[17] 除了杉山正明的作品以外，另外在臺灣還出版了日本蒙古史耆宿岡田英弘教授的作品《世界史的誕生：蒙古的發展與傳統》。[18]

在中國，杉山正明的著作所引起的反響更大。中國出版界除了引進《忽必烈的挑戰》、《顛覆世界史的蒙古》與《遊牧民的世界史》的繁體中文譯本以外，另外還發行了《疾馳的草原征服者：遼、西夏、金、元》一書的中文譯本。[19]這也引起中國史學界的注意與討論，例如復旦大學的姚大力教授為《疾馳的草原征服者》撰寫書評（後收入該書作為推薦序），而北京大學的羅新教授則為《忽必烈的挑戰》撰寫書評，最近北京大學的張帆在訪談中也響應了杉山正明關於大中國與小中國的理論。這三篇文章都發表在中國主要媒體之一的《東方早報・上海書評》上。[20]這些評論主要是針對作者所提出的元朝在中國歷史上的地位問題進行討論。後來《東方早報・上海書評》還曾訪問杉山正明本人來回應相關的評論與問題。[21]網路上也掀起一陣熱烈討論。這股「杉山旋風」確實引人注目。而開先河的正是這本《遊牧民的世界史》。以下將簡要介紹該書的內容，並梳理相關的學術與大眾討論，最後談談該書對當前兩岸社會與學界可能的啟發及其現實意義。

該書正文共分為七章，另附有增補版序、跋與松元建一的〈解說——關於「定居」及「移動」〉。在第一章「跨越民族及國界」中，作者首先簡介了歐亞大陸的環境，為之後的討論設置舞台。他也提到不同的緯度較經度對於氣候變化與人類活動的影響來得重要許多，這點與賈德・戴蒙（Jared Diamond）的《槍炮、病菌與鋼鐵：人類社會的命運》的主張若合符節。[22]而作者認為將歐亞大陸沿海邊緣地區略過後，歐亞內陸以乾燥氣候為共通點，且在風景上具有一致性，因此當地居民和沿海溼潤地區的居民相較，有著不同的形象與意識。因此作者將此一區域稱為「歐亞中間地帶」，而這片地區的歷史，由於幅員遼闊，過去很少被人當作一個整體來分析。一般而言，人們對這個地區的印象就是絲路，並稱之為「文明的十字路口」。然而隨著各種語言的文獻與考古資料逐漸出土，近年來的研究逐漸趨向將歐亞大陸視為整體，並將此一地區概略分為草原與綠洲。而草原上的人群以遊牧民族為主，綠洲則以灌溉農業為主。而其中遊牧民族則扮演聯結區域內部的角色。因此若要談歐亞大陸或全球性的世界史，不可能避開遊牧民族。

杉山正明也說明了遊牧的性質。實際上遊牧是帶著牲口的遊牧民族、隨著季節而有大致固定移動路線的系統性移動，並非漫無目標的移動。遊牧生活由於無法完全自給自足，且易受極端天氣影響，相當不穩定，因此造就了遊牧民族與定居社會共生的結構，並且具有機動遷徙、群居與擅長騎射等特點。而擅長騎射也使得遊牧民族成為在現代槍炮出現以前最為優良的作戰部隊。但是這些遊牧軍團或國家基本上都不是由單一民族所組成，而是由多民族組成的群體。作者認為西方民族國家（nation-state）的概念不適用古代的遊牧民族國家，並且試圖建構在民族（nation）與國界線以外的世界史研究框架。

第二章「中央歐亞大陸的結構」對歐亞中間地帶的地理環境進行具體剖析，包括北方西伯利亞針葉林地帶，而其南部又可分為東部的蒙古高原、西部的天山南北麓。而在更南方則是西藏高原。至於歐亞大陸的西半部南端則包括了阿姆河（Amu Darya）與錫爾河（Syr Darya）之間的河中地區及其西邊的伊朗高原，甚至遠及兩河流域與北非。北端則是西北歐亞大草原，東側起於哈薩克大草原，並向西延伸至喀爾巴阡山脈東麓。作者在介紹不同的地理環境時，也搭配當地的遊牧民族歷史進行敘述。而由於遊牧民族所遺留的文字史料較少，因此常常必須仰賴定居民族的記載。但是這些材料也常常充滿對遊牧民族的各種偏見。定居民族也常以文明自居，而視遊牧民族為野蠻人。例如古代波斯帝國將其統轄的領域稱為「文明區域」（Iran），而將阿姆河對岸稱為「蠻夷之地」（Turan）；這也與古代希臘稱呼遊牧民族為蠻族（Barbaroi），以及古代中國的「華夷」觀念相似。

第三章「追溯遊牧族群國家的原貌」，探討歷史上所記載的第一個遊牧國家斯基泰與波斯帝國阿契美尼德王朝之間的關係。主要依據的是古代希臘歷史學家希羅多德《歷史》一書中的記載。杉山正明認為世界史上的第一次亞洲與歐洲的正式大會戰，既非波希戰爭、也不是希臘馬拉松戰役，而是發生於西元前五一三年左右的斯基泰─波斯戰役。即便波斯帝國動員了數十萬將士，但這次戰役，仍以波斯帝國損失八萬兵卒的代價失敗告終。在這次戰役中，斯基泰人運用移動迅速的騎兵，加上堅壁清野與誘敵深入的戰略，成為克敵制勝的關鍵，後來也成為遊牧民族對抗定居國家的主要戰爭形態。在族群成分上，斯基泰人內部也相當多元，除了有草原遊牧民以外，還包括了定居都市居民、商人與農業民族，因此很難說是存在單一斯基泰民族為主的遊牧國家。而在歐亞世界史上，阿契美尼德王朝作為定居國家的原型，斯基泰則成為遊牧國家的起源。這兩種型態的國家在東方則是以匈奴與南方的漢朝為主，作者認為這也許是受到斯基泰型與阿契美尼德型兩種國家形態向東流傳影響的結果。而匈奴冒頓單于在白登山對漢朝的勝利則象徵著遊牧民時代的揭幕，並持續了兩千年之久。

第四章「貫穿草原及中華的變動波潮」，則以西元前一二九至一二七年左右，漢武帝主動出擊匈奴的戰爭開始，討論長達五十年的漢匈戰爭對兩邊社會經濟所造成的重大衝擊。作者認為主動挑起戰爭的漢武帝要負最大責任。後來東漢趁南北匈奴分裂的機會，控制了西域。但是東漢跟南匈奴結盟的結果，則是匈奴人逐漸進入長城以南定居，並且成為後來匈奴後裔劉淵在西晉內亂時崛起的舞台。自西元四世紀鮮卑拓跋氏建立代國以降至唐朝崩潰，西方將這段時期的中國稱為Tabgach，意指「拓跋」。作者據此將這段時期的中國稱為「拓跋國家」，並認為唐朝編纂的史書有意淡化了大唐的鮮卑拓跋屬性。而「拓跋國家」正是一種跨越草原與中國及華夷框架的新型國家。

第五章「撼動世界的突厥・蒙古族」以西元四世紀興起的突厥—蒙古系國家柔然為開頭。柔然趁鮮卑拓跋氏南下後蒙古高原出現權力真空之際，成為當地的主要遊牧國家。柔然在遊牧國家發展史上的重要性在於首次使用了「可汗」作為君主的稱號，並在未來由突厥與蒙古所繼承，而成為歐亞大陸史上的重要政治稱號。而同時在中亞則有伊朗系的白匈奴（嚈噠）興起，而突厥系的高車則位於柔然與白匈奴之間的阿爾泰山與天山區域。而伊朗高原的波斯薩珊王朝與中原的拓跋國家北魏則是主要的定居國家。這種情況到了西元六世紀中葉由於突厥的興起而出現大幅改變。突厥首先擊破了高車與柔然，並且與薩珊王朝聯合消滅了白匈奴，另外還迫使東方的拓跋國家北齊與北周屈服於它。作者認為從其疆域與勢力範圍來看，突厥可稱為世界帝國。但是這個局面只維持了三十年左右，西元五八三年，突厥分裂為東西兩部。當時剛剛篡奪北周帝位的隋文帝楊堅趁著突厥內部動亂之際，出兵併吞了江南的陳朝，統一了中國本部。其後的隋煬帝雖然有擴張的野心，但是由於遠征高句麗失敗而導致帝國崩潰。當時駐守於山西太原的李淵趁機奪取了政權，建立了大唐，不過其背後仍仰賴於東突厥的支持。

杉山正明特別強調了李淵的母親獨孤氏的匈奴血統，並且認為後來唐太宗之所以能夠成就天可汗的霸業建立世界帝國，主要原因是拓跋國家的特徵（包括了遊牧民的騎兵戰力與追溯自匈奴的尊貴血統）發揮作用。但是大唐和突厥一樣也是個轉瞬即逝的世界帝國。特別是中東伊斯蘭勢力的興起挑戰了大唐在中亞的霸權。加上北方回鶻與西南吐蕃的興起，以及西元七五五年唐朝內部爆發安史之亂之故，導致大唐一蹶不振。不過在這個時期，歐亞內陸的一大特徵就是突厥語逐漸成為當地的共通語言，突厥化在帕米爾高原以東快速擴展，且伊斯蘭中東世界的政權很快轉移到原先作為奴隸兵將的突厥民族手中，例如位於阿富汗的薩曼王朝與西亞的塞爾柱帝國。在歐亞東部則是蒙古系的契丹與突厥系的沙陀崛起。五代中有三個朝代是由沙陀系出身的君主所建立的，包括了後唐、後晉與後漢。因此此時的中原可以稱為沙陀政權，並視為拓跋國家的延續。而契丹遼朝在耶律阿保機立國後逐步興盛，並將沙陀政權納為附屬國。東亞成為宋遼南北對峙的局面。契丹在東方遊牧國家發展過程中的重要性在於它在遊牧國家框架中導入了農耕國家系統，使得其統治的穩定性增強，另外就是契丹在中亞以西的世界中，取代了過去的「拓跋」，而成為中國的代名詞。這個情況即便女真後來取代契丹建立金朝，占領華北後，仍舊沒有改變。這也是契丹對後世遊牧國家與中國的重要遺產。

第六章「蒙古的戰爭與和平」從大元首都大都（今北京）說起，談到北京之所以能夠成為中國的首都，在於蒙古征服中國後，中國史本身所產生的極大變化，亦即由小中國到大中國的變化。可以說世界的世界化與中國的擴大化都是從蒙古時代開始的世界史重大現象。西元一二〇六年鐵木真統一蒙古高原諸部，並登基為成吉思汗建立大蒙古國之後，蒙古帝國開始向外擴張並席捲歐亞大陸。直到十三世紀六〇年代忽必烈在汗位爭奪戰中勝出以後，蒙古帝國進入一個新的階段。作者認為首先蒙古在成吉思汗時，透過大型遠征去統合過去處於敵對狀態的新成員，並且透過長期離鄉背井的機會，讓這些人建立對蒙古的認同。而後來忽必烈對於蒙古帝國的構想則是將蒙古的軍事力與中國的經濟力合併，再進一步活用穆斯林的商業力以達到經濟統合。特別是蒙古貴族與斡脫

（ortoq）商人合作，以便將其營利活動直接放入國家管理之中。另外在此時銀的擴大使用也使其成為跨越歐亞的公定貿易基準，代以鹽引與紙鈔作為銀的輔助品。廢除通關稅與實施大型間接稅有助於發展遠距離貿易，而蒙古帝國的出現也無法套用過去遊牧型、農耕型與海洋型等國家的分類，因而可視為首個世界帝國，也是世界史上的分水嶺。

第七章「探尋近現代史的架構」則討論後蒙古時代的世界如何由陸地及騎射時代轉換到海洋及槍炮時代。在這段期間，由西歐主導的全球化逐漸成為世界史的發展主流。民族國家成為歷史敘述的主要框架。而作者寫作該書，正是希冀透過處於民族國家邊緣的遊牧民角度來重新反思世界史的架構，並且說明這群邊緣人其實曾經是人類歷史的支柱，而且是最大的國家掌握者。

杉山正明在討論到世界帝國的起源時，先後提到過突厥帝國、大唐與蒙古帝國。這也許會讓讀者有些困惑。究竟何者才是作者所認定最早的世界帝國？如果我們對照作者其他作品的話，不難發現，其實他心目中最早的世界帝國還是蒙古帝國。[23] 突厥帝國與大唐在規模與持續時間上都不足以和蒙古帝國相比擬。

在談到契丹耶律阿保機登基自稱為「天皇帝」時，作者認為這不表示契丹已經接受了中國式的皇帝稱號，而更像是天可汗（Tengri Khagan）的漢譯。另外，包括燔柴告天等登基儀式不僅可以被視為中國式的傳統，也可能是繼承自突厥——蒙古系遊牧民族傳統。最近羅新所提出從內亞選舉大汗的傳統來解釋關於耶律阿保機預言自己死亡時間成真一事，並大膽推測耶律阿保機很可能是自殺而死，也可以視為對遼朝國家性質具有內亞遊牧民族色彩的一個補充和解釋。[24]

另外關於元朝所使用的銀、鹽引與紙鈔等，近來也有新的研究進展。德國圖賓根大學（University of Tübingen）漢學教授傅漢思（Hans Ulrich Vogel）的二〇一三年近作《馬可波羅到過中國：貨幣、食鹽與稅收方面的新證據》（*Marco Polo Was in China: New Evidence from Currencies, Salts and Revenues*）就大大增進了我們對於元代金融與財政的了解。[25]例如元代紙幣在流通上存在著南少北多的不均衡情形。這是忽必烈征服南宋後仍有許多南宋銅錢在江南流通，且蒙古人對新征服之南宋領地的統治不穩固，加上地方官員敷衍塞責，另外還有紙幣本身的品質不佳與數量不足所導致的。

另外該書在內容編排上，也不是特別均衡。例如在談到於唐朝對外關係時，突厥與回鶻都是敘述重點，但相較之下同樣是遊牧民建立的吐蕃帝國的地位就被低估了。另外鮮卑、契丹、女真以及後蒙古帝國時代的世界史分量也似乎較輕。然而以一本小書的篇幅而言，或許也不能求全，幸運的是這些可以參見杉山正明的其他漢譯著作。至於後蒙古帝國時代的歐亞，推薦讀者閱讀梅天穆（Timothy May）近作《世界歷史上的蒙古征服》的第三章「一三五〇年的世界：一個全球的世界」，這是我目前所知用最短的篇幅而能恰當總結蒙古帝國崩潰後的歐亞世界概況，特別是內亞部分。[26]

筆者最後想談談該書對當前兩岸社會與學界可能帶來的啟發與現實意義。蒙元史在中國史學界中，規模相對來說較小。一方面元朝作為非漢人建立的中國朝代，治史所需的語言門檻較高，材料文獻解讀不易。另一方面由於牽涉的地域與族群更加複雜，也使得蒙元史研究更脫離中國史的框架，而具有世界史色彩，也因此需要更多國外的知識背景，訓練時間相對較長。蒙元史的研究圈在中國史學界受到的重視相對較少，而在臺灣情況恐怕又更加邊緣。近年來的臺灣蒙元史相關研究基本上是針對元代蒙古治下的漢人社會、文化與思想，旁及色目人如何受漢文化影響的議題（例如對元代多族士人圈的探討）等等。關於蒙古帝國與其影響的討論基本上相當罕見，而相關的書籍讀物則更為匱乏。而在該書中，杉山正明除了介紹歐亞遊牧民族的歷史以外，更不時穿插各種小記。

這些小記一方面是作為背景知識的補充，另一方面也透過引入日本讀者熟悉的日本歷史與文化個案，來建立讀者與書中主題的聯結。雖然這些個案對於兩岸的讀者來說也許並不熟悉，因此缺乏共鳴。但筆者更翹首期待未來中文世界能夠出現更多類似的自編讀物，結合兩岸讀者熟悉的歷史文化背景來寫作這類的歷史書籍。相信這將使兩岸讀者更易於掌握這些知識，並能帶來更為多元的歷史觀與世界觀。

此外就現實意義來說，今天無論是中國首倡的「一帶一路」（即絲綢之路經濟帶和二十一世紀海上絲綢之路兩者的簡稱）或是俄國所倡議的「歐亞經濟聯盟」（Eurasian Economic Union），內陸歐亞（Central Eurasia）都是重要的組成部分，並且是蘊藏豐富能源與礦產的戰略地帶。該書對於想了解這個區域的兩岸讀者來說也大有裨益。

本章曾見於〈遊牧民的世界史．導讀〉，杉山正明著，黃美蓉譯，《遊牧民的世界史》，第三版（新北：廣場出版社，二〇一五年），頁XI至XXI。

絲綢之路的兩種歷史詮釋

絲綢之路（Silk Road），又稱絲路。一八七七年德國探險家與地理學家費迪南・馮・李希霍芬（Ferdinand von Richthofen）首次使用「絲綢之路」（德語：*Seidenstrasse*，有時以複數形 *Seidenstrassen* 出現）一詞。雖然他在著作中並未將絲綢之路一詞用來指稱漢代以後的情況，但是後人卻引申其用法，而使絲綢之路成為描述中外交通史上最常見的詞彙之一。

近來，絲綢之路從歷史中又重新進入了當代中國人的視野當中。二〇一四年六月二十二日中國、哈薩克斯坦與吉爾吉斯斯坦三國共同申報的「絲綢之路：起始段和天山廊道的路網」，與「大運河」雙雙登上世界遺產名錄。其中，中國境內共有二十二處考古遺址與古建築名列其中，分布於河南、陝西、甘肅、新疆等省區境內。另外，中國近年來所提出的「一帶一路」倡議更是占據了各大新聞版面。

然而絲綢之路對今天的一般大眾而言，除了作為已經衰微的塵封歷史或新興的經濟口號與世界遺產以外，它的歷史能夠給我們帶來什麼樣的啟發呢？有鑑於此，本文希望透過回顧近年出版的兩部著作，來幫助讀者重新認識絲綢之路的歷史。

二〇一〇年由牛津大學出版社出版的《世界史上的絲綢之路》（*The Silk Road in World History*）是為了歐美大學生與一般大眾所寫的輕學術讀物，介紹絲綢之路的起源與衰微，及其在世界史上的地位。[27] 如果讀者對絲綢之路的歷史已經有一些接觸，而想要進一步了解的話，該書的長度和深度倒是很適合。

該書作者劉欣如曾任中國社會科學院世界歷史研究所研究員，現任美國紐澤西學院歷史系副教授，以中印文化交流與絲綢之路歷史研究著稱。在該書中，作者描繪了一個傳統學界對於絲綢之路的印象，將絲綢視為絲綢之路歷史的主角來貫穿全書，旁及宗教與其他物品的傳播。簡而言之，對作者而言，絲綢之路的歷史是一部走向衰微的歷史。

第一章「中國放眼西方」從絲綢之路東端說起，講的是中國讀者比較熟悉的故事。

作者從西元前六百年騎馬技術開始在歐亞草原傳播說起，首先勾勒了中國戰國時代北方農耕人群與草原遊牧之間的早期交流，特別是馬匹與軍事技術，例如趙武靈王胡服騎射一事。接著敘述了定居的秦漢帝國與遊牧的匈奴帝國之間的競逐，特別是漢武帝遣張騫通西域一事。張騫的出使讓漢朝與月氏得以建立關係。後來雙邊的貿易開始活絡起來。羅馬的玻璃器具、印度的棉織品、香料與寶石也開始輸入長安。而漢朝的絲織品也開始銷售西方。這正是絲綢之路得名之因。另外出於軍事需求，漢朝也對中亞的馬匹需求孔急，才會遠征大宛（位於今費爾干納地區）。而這些西域的奇珍異物也使漢朝士人對西方感到好奇。東漢班超遣甘英往大秦（即羅馬帝國）卻未能渡海完成使命，則是在中外交流史上傳頌不絕的故事。

第二章「羅馬放眼東方」則從絲綢之路西端說起，內容是羅馬帝國對於中國的想像。當時的羅馬帝國對於中國與蠶絲了解很少，例如羅馬學者老普林尼（Pliny the Elder）在他的《自然史》一書中就誤認為蠶絲是中國人在森林中採集的毛料。西元前一世紀羅馬從共和走向帝制時，也同時往東方擴張。羅馬帝國的興起也帶來了對大量奢侈品的需求，其中也包括中國的絲綢以及產自東亞與阿拉伯的乳香和沒藥等香料。因此羅馬帝國對於東方的重要商隊據點加強控制。而位於波斯北部的遊牧民族所建立的安息帝國（Parthian Empire）則成為其主要對手。作者並且以《紅海航海記錄》（*Periplus of the Red Sea*，又稱厄立特里亞航海記錄）為材料，介紹了如位於敘利亞的佩特拉（Petra）、帕邁拉（Palmyra），阿拉伯南部的穆薩（Muza）與印度的婆盧羯車（Barygaza）與巴別爾孔（Barbaricum）等海上貿易據點。而羅馬的海上貿易與中亞絲綢之路貿易兩條路線最後正是在婆盧羯車與巴別爾孔兩地交會。

第三章「貴霜帝國與佛教」則討論貴霜帝國崇奉佛教與絲綢之路商業興盛的關係。西元一世紀中葉代月氏而興起的貴霜帝國以一個遊牧民族政權之姿成功控制了以定居農業為主的大夏地區（Bactria）。貴霜帝國的傳統宗教以祖先崇拜為主，並且信奉上天。然而貴霜國王對於其他宗教採取開放的態度，因此希臘神祇、祆教與佛教等在其境內都受到保護，特別是大乘佛教在貴霜王朝治下得到長足的發展。在其治下興盛的國際貿易與繁榮的都市都有助於佛教向印度以外的地區推廣，例如佛寺常常成為商人行旅的休息站。絲綢也成為一種地方交易的貨幣。值得一提的是，早期許多來到中國弘揚佛法的僧侶皆來自伊朗的安息帝國，這也為後來景教與摩尼教傳入中國鋪路。

第四章「黃金時代的露頭」則提到早期由漢朝、貴霜、安息與羅馬等帝國所創建的絲綢之路，至西元三世紀時衰微。主因是在當時這些帝國先後崩潰。在漢朝與西羅馬帝國衰亡後，絲綢之路就由波斯的薩珊王朝與信奉摩尼教的粟特商人所掌控。西元五至八世紀為粟特商人的黃金時代。當時薩珊王朝的錢幣與絲綢成為絲綢之路國際貿易中的主要通貨。西元六世紀東羅馬帝國（或稱拜占庭帝國）在查士丁尼大帝（Justinian the Great）的統治下重振聲勢，而絲綢則在宗教與政治上成為重要的象徵物品而需求大增，特別是紫色的絲綢後來被查士丁尼大帝諭令成為國家獨占的物資，並且引入養蠶業，但是其規模仍然不足與中國相提並論。而當時最為風行的絲織品之一就是產自布哈拉附近之贊丹村的贊丹尼奇（Zandaniji），其紋飾以鳥、羊等動物為主，但是其顏料與絲線則來自中國。贊丹尼奇遍布於整個歐亞的考古遺跡當中，甚至見於青海的早期吐蕃貴族墓穴中。因此可以說，在當時充滿政治動亂的時代中，絲綢之路貿易仍然維持不墜，表示絲綢之路已經發展成熟。其活力是來自於市場的需求，而不像過去僅仰賴帝國的支持。

第五章「歐亞絲綢市場的轉變」討論的是在西元七世紀至十二世紀間，歐亞市場的轉變與新貨物的流行。在這個時代中，絲綢之路東部與中部的局勢都有所改變。東方有唐朝的統一，另外伴隨著伊斯蘭教的創立，在中東則有阿拉伯帝國（即中國古代所稱的大食國）興起，並且東進控制了中亞地區。而且到了西元八世紀末期，絲織業的技術已經在中亞、中東與北非等地廣為流傳，中國獨占的情勢不再。然而阿拉伯帝國對於絲綢的接受度一開始並不太高。早期在倭馬亞王朝（Umayyad Caliphate）時代，由非穆斯林製作的絲綢織錦常常以人與動物的形象作為裝飾，這就觸犯了偶像崇拜的禁忌，其次則是穿戴絲織品是否過於奢侈的爭議。這些爭議直到後來的阿拔斯王朝（The Abbasid dynasty）才逐漸消失。伊斯蘭教盛行於中亞與中東的結果，改變了絲綢之路的人文地理。在貿易路途上清真寺逐漸取代佛寺，此外波斯語也取代了粟特語成為絲綢之路上的通用語。絲綢不再是唯一主要的貨品，瓷器與茶逐漸成為國際貿易的新寵。而隨著海上貿易的逐漸發達，駱駝與馬匹也不再是有利可圖的運輸工具。

第六章「蒙古與絲綢之路的黃昏」則討論了蒙古帝國的興起與歐亞世界的新局面。蒙古人征服了金朝、南宋、中亞、中東與俄羅斯。蒙古帝國的創建者成吉思汗大力推廣商業。蒙古帝國的首都哈剌和林在當時也成為絲綢之路貨物的集散地。蒙古人特別喜歡伊朗與中亞河中地區所製作的「納失失」（*nasij*），其特徵為使用金絲線於織錦上。另外中亞河中地區的絲織工匠也被遣送到華北的蕁麻林與弘州等地生產絲織品。另外，雖然蒙古帝國並不是一個海上強權，但是蒙古大汗也十分注意海上交通與貿易，許多西亞商人來到中國東南沿海定居經商，蒙古政府也從中徵稅獲利。然而在十四世紀三〇年代，饑荒與洪水在中國境內肆虐，並且導致民變。一三六八年明軍攻陷大都，大元退回漠北。而其他蒙古汗國也相繼崩潰。中亞仰賴陸路貿易的商隊城鎮與宗教設施逐漸衰微。這也是陸上絲綢之路的黃昏。

簡言之，對該書作者劉欣如而言，絲綢之路在世界史上的角色就像是一齣「美人遲暮」的悲劇。它曾經耀眼過，但是在十四世紀後期蒙古四大汗國解體，陸路商業失去了重要性之後，就淡出了歷史舞台。這也是傳統學界的看法。然而作者在書首自言，絲綢之路是一個連接中國與地中海的陸路與海路商業系統。就算如作者所言，絲綢之路的陸路貿易走向黃昏，但是海路貿易似乎仍舊持續發展。這樣一來，讀者很容易產生一個問題，即絲綢之路是否真的如作者所言，在十四世紀時就已經衰微？針對這個問題，在以下要介紹的另一本書中，讀者們將會看到與傳統敘事不同的絲綢之路歷史。

二〇一三年由牛津大學出版社所出版的《絲綢之路》（*The Silk Road: A Very Short*

Introduction）是新近出版的一本為普羅大眾所撰寫的絲綢之路簡史。[28]作者為曾任美國內陸歐亞學會會長的喬治城大學歷史系教授米華健（James A. Millward）。在該書中作者描繪了一個絲綢之路從古至今雖然在發展上歷經波折，但仍舊保持繁榮的景象。

第一章「環境與帝國」從二〇〇二年在美國首府華盛頓舉行的一個以絲綢之路為名的慶典談起，作者試圖打破過去對於絲綢之路的一些迷思，例如雖然絲綢之路以絲綢為名，但實際上絲綢並非最具影響力的貨物，諸如被馴化的馬匹、棉花、紙和火藥都在世界史上起過重要作用。另外絲綢之路也不是一條或多條固定的商路，而更像是由一連串貨物集散地所構成的網路。而作者更將這些活躍於絲綢之路上的人們稱為「原初的全球化者」（proto-globalizers）。作者並認為在絲綢之路的歷史上，定居的農民與遊牧的牧民之間的關係是很重要的影響因素。定居的農業社會對於這些與己不同的遊牧牧民則充滿了鄙夷與歧視，並反映在史書記載上。另外由遊牧民族所建立的內亞帝國與多樣化的宗教領域也是絲綢之路的特徵。

第二章「絲綢之路螢光閃耀的時代」則探討絲綢之路歷史的分期方式。作者將其分為六大時期：（一）早期印歐遊牧民時代（西元前三千年至西元前三世紀），以斯基泰人為主，面對的對手是波斯阿契美尼德帝國；（二）古典絲綢之路時代（西元前三世紀至西元三世紀），以匈奴、月氏與貴霜為主，面對的是秦漢帝國、波斯安息帝國與羅馬帝國。在這個時期，絲綢之路貿易網路逐漸開展，而各種宗教與地理知識也得到廣泛流傳；（三）黑暗時代（西元三至五世紀），作者挑戰了過去認為這個時期為絲綢之路衰退期的說法，認為這只看到了絲綢之路兩端漢朝與西羅馬兩大帝國的崩潰以及兩者間隨之而來的交流減少，而忽略了中亞的嚈噠與波斯的薩珊王朝仍然強盛。而這兩者掌握了當時的絲綢之路貿易；（四）中世紀的世界主義時代（西元六至十世紀），自西元六世紀以來，隋唐時代的中國重新回到大一統局面，絲綢之路貿易與佛教文化興盛，而路途中的眾多佛像洞窟更讓絲綢之路成為「神明之路」（spirit road）。可以說大唐帝國不僅輸出了漢文化也同時擴散了絲綢之路文化（包括回鶻與粟特文化）。在中東，阿拉伯帝國與伊斯蘭教崛起，並且擴張到中亞，布哈拉成為伊斯蘭教的中心之一；（五）蒙古世界帝國時代（西元十三至十四世紀），遊牧的蒙古人征服了歐亞，創建了前所未見的大帝國。在蒙古帝國的領土內，有著共同的通訊、行政體系與共同的法律、稅務與財政制度，大大促進了絲綢之路貿易發展。許多西方商人來到東方經商，其中以馬可波羅最為著名；（六）草原的封閉時代（西元十六至十九世紀），在這個時代歐亞的遊牧民族逐漸被四周的定居民族所征服，包括了俄羅斯帝國、大清帝國、莫臥兒帝國、奧斯曼帝國與伊朗薩法維王朝等。但是絲綢之路並未因此而衰微，歐亞大陸的交流反而更加密切。

第三章「生物絲綢之路」從烏魯木齊的「二道橋大巴扎」販賣的馬奶酒在絲綢之路歷史上流傳的悠久歷史說起，作者在這章中關注絲綢之路上的食物與生態交流。例如一般人可能知道番茄是從美洲傳入的作物，但可能很少人知道自一九九〇年以來烏魯木齊已經成為世界上最大的番茄產地之一。而塔里木盆地發現的木乃伊可能是與貴霜帝國或月氏相關的原印歐民族，使用吐火羅語。另外細菌戰也不是現代人的發明。早在一三四六年，蒙古人進攻克里米亞的卡法（Kaffa）時，就已經透過將死於鼠疫的屍體投射入城中，以引發鼠疫迫使城中居民早日投降。中世紀鼠疫流行於歐亞大陸也是絲綢之路交流的結果。另外包括葡萄酒、餃子與饅頭等飲食也都以不同形式流行於絲綢之路各大文明中。

第四章「技術絲綢之路」則討論科技與器物在絲綢之路上的流通。在日常器物上，例如椅子隨著佛教而從印度傳入中國。而除了絲與絲綢以外，紙的生產製作技術和活字印刷術的傳播也很重要，撒馬爾罕在中世紀成為絲綢之路上重要的造紙重鎮。在醫學上，則不可忽視體液醫學與天花防治的技術。過去在內亞，無論是貴族或百姓，染上天花的死亡率都相當高。直到清代，三世班禪與順治皇帝都死於天花。這也導致清朝在挑選皇太子時，曾經出痘與否是個很重要的因素。康熙皇帝之所以能夠在順治皇帝駕崩後入繼大統，年幼曾經出痘痊癒正是原因之一。在軍事上，戰車與青銅冶金術的發展、馬刺的使用，與火藥的傳播如何幫助歐亞君主達成中央集權等課題都是本章的重點。

第五章「絲綢之路上的藝術」則探討不同藝術形式在絲綢之路上的傳播與轉變。例如印度佛教中的本生故事（梵文作 *Jātaka*，書中誤作 *Jākata*）在中國的翻譯與阿拉伯《天方夜譚》的變形。而中世紀流行於東亞與歐洲的白話文學也有其印度與希臘源頭。在音樂上，則有起源於阿富汗的魯特琴（Lute）如何變成中國的琵琶、波斯的巴爾巴特琴（*barbat*）與阿拉伯烏德琴（*oud*）的故事。在視覺藝術上，則有貴霜帝國時期融合印度、伊朗與希臘風格的犍陀羅藝術、源自隋唐時期的敦煌而在蒙古時期傳播到中亞與歐洲的三兔圖。另外還有波斯細密畫與青花瓷如何透過絲綢之路傳播於歐亞大陸的討論。其中青花瓷正是歐亞文化融合的產物代表：青色顏料與圖案主題來自波斯、瓷器來自中國。

在明代，景德鎮則大量生產這類青花瓷外銷到波斯薩法維王朝。

第六章「絲綢之路何去何從」則對十六世紀迄今的絲綢之路歷史進行評論。作者認為從九世紀的沉船遺跡看來，海路貿易與陸路貿易事實上自古以來就並存著，兩者並非互相取代，而是互補關係。過去的絲綢之路交流其實和今天的全球化性質類似，只是在形式上更為廣泛。過去印度佛教傳入中國與二十世紀初馬列主義從蘇俄傳入中國，兩者同為跨文化的歐亞宗教與思想交流，在性質並無二致。據此，作者最後為該書下了一個結論：絲綢之路不死，且其擴張無遠弗屆。

上述二書算是近年來在絲綢之路歷史研究中在觀點上對比性比較強烈的作品，因此筆者特意挑選了這兩本書放在一起作比較。回到主題，從本文開頭提到的當今絲綢之路熱議看來，似乎是米華健的復興論較劉欣如的衰微論占上風。不過畢竟這都是學術討論，從不同的角度與專業會看到不同的面貌，也因此永遠存在討論的空間。對於一般讀者而言，從上述的歷史中，可以看到雖然絲綢之路上充滿了疾病、戰爭與危險，但仍舊有許多人在絲綢之路上活躍著。他們所抱持的精神，諸如互助互利、開放交流與冒險進取等，也許是我們從這段歷史中所能得到的重要啟發。

本章部分內容曾見於〈提到絲綢之路只想到絲綢?該讀書了〉，《澎湃新聞．私家歷史》二〇一四年九月十五日，http://www.thepaper.cn/newsDetail_forward_1265259，二〇一八年九月一日。

歐亞皇室狩獵的長時段歷史

——評介《歐亞皇家狩獵史》

二〇一六年一部由英國記者貝爾（Otto Bell）所執導的紀錄片《女獵鷹人》（*The Eagle Huntress*），在世界各地（尤其歐美）引起了注意。[29]該片敘述的是蒙古國一名十三歲哈薩克族少女艾肖麗潘（Aisholpan Nurgaiv）跟著父親學習並成為家族中第一位女獵鷹人的故事，而過去該家族十二代以來皆以此為業，但這項技藝原本只傳子不傳女。這個挑戰性別分工壁壘的故事感動了許多人，英國國家廣播公司（BBC）也對此作了報導。[30]二〇一七年十一月九日，蒙古國總理呼日勒蘇赫（Ukhnaagiin Khurelsukh）也特別接見了艾肖麗潘，並且稱讚她所主演的紀錄片使全世界進一步了解蒙古國。[31]然而如果我們將這種鷹獵習俗放在歷史當中考察，就會發現這種習慣也流行於過去歐亞帝國的皇室當中。

在過去，狩獵流行於歐亞皇室之中，蔚為風尚。然而過去少有作品能夠利用各種歐亞語言的原始材料與二手文獻，撰寫一部綜合性的專著來探討這個主題。直到湯瑪斯·愛爾森（Thomas T. Allsen）於二〇〇六年出版了《歐亞皇家狩獵史》（*The Royal Hunt in Eurasian History*）一書，我們才有了一部從理論建構到實例研究都堪稱完備的研究專著。[32] 該書作者為美國紐澤西大學歷史系名譽教授，為著名蒙元史與中世紀史專家。他過去主要關注的是政治、商業與文化史領域，因此該書算是他立基於政治史而轉向環境史與動物史的力著。社會科學文獻出版社甲骨文工作室慧眼獨具，於二〇一七年九月發行該書的簡體中文版，讓廣大的中文讀者有機會接觸到該書所探討的悠久歐亞狩獵文化傳統。

該書源自於愛爾森對蒙古的皇室狩獵及其背景的研究，所討論的時間從古埃及、兩河流域、印度與中國文明開始到十九世紀前半葉，時間跨度長達將近四千年，在研究方法上也類似費爾南·布勞岱爾（Fernand Braudel）的「長時段」（法文：*longue durée*）

研究。而在地域上，皇室狩獵情結的特徵則是在美索不達米亞、小亞細亞、伊朗、印度北部與突厥斯坦等核心地區發展起來的，並且也影響了古代中國與朝鮮等地。該書探討了狩獵對於歐亞皇室的政治意義。作者主張在歐亞歷史上，政治權威的運作、對自然環境的利用和文化融合彼此之間有著緊密的聯繫。

愛爾森在書中將人類狩獵的目的分為三類，即追尋蛋白質、追逐利潤與權力。作者指出雖然狩獵可以出於經濟目的或政治目的，但是這兩種類型也常常會混合。而該書探討的皇室狩獵的影響範圍，也基本上隨著時間和地域有些微變化。例如狩獵在古典時期的希臘羅馬就不具備政治與軍事功能，這與當時歐洲環境缺乏大型獵物以及重視步兵而非騎兵也許有關係。而歐亞皇室狩獵的場所通常都是受人為管理的「荒野」，而時間則從三周到三個月不等，捕獵方式多半是騎馬或駕馭馬車進行圍獵，動員人數多半在一萬人左右。皇室狩獵有兩種狩獵場所：一是公開的鄉間區域，二是在安全的人造狩獵園（paradise）或狩獵場（hunting park）。狩獵場作為皇室狩獵與享樂的私人區域，囊括統治者所掌控的各種自然資源，也是一種權力的象徵。

愛爾森介紹了皇帝狩獵時的許多動物搭檔，其中包括了獵犬、鷹隼、大象與獵豹，同時也說明了人類是如何馴化這些動物的，例如馴鷹師會將獵鷹的眼瞼封起來，以便讓它適應人的存在，而且在這段時間只能由馴鷹師給牠提供食物，等到牠習慣人類之後，才開始訓練牠狩獵。照料與訓練這些狩獵動物的人並非卑賤的僕役，而是地位尊貴的侍從與官員。為了獵場永續經營，皇室也會保護獵場的生態環境，這包括限制平民進入皇家獵場狩獵以及對獵場內部自然生態的保護。戰爭與宗教在這種保護中也起了重要作用，而農業開墾對於獵場的生態保護危害最大。

愛爾森也討論了不同的狩獵活動中所體現的文化、種族與社會身分。以狩獵為生的人被認為是低賤的，例如《蒙古秘史》中記載成吉思汗鐵木真年幼落魄時，也曾被迫以狩獵採集為生。然而出於遊樂與彰顯權力的狩獵則被認為是王公貴族的專屬事業。在狩獵中某些動物本身被認為具有超凡的力量，並且與神秘力量相結合，例如白象在南亞與東南亞就被認為是一種政治動物。莫臥兒帝國的阿克巴大帝（Akbar the Great，一五四二至一六〇五年）意圖控制白象以彰顯其對自然力量的控制力。皇帝對動物的關注與控制，也和由來已久的「宇宙王權」（cosmic kingship）概念有關，這種皇帝透過狩獵建立的權威也會滲透到一般大眾當中，例如皇帝每次狩獵的安然歸來象徵著他被神靈所眷顧，以及他具有控制荒野自然的能力。但是大眾對於皇家狩獵活動的態度則帶有矛盾之處，一方面它造成了人民的負擔，另一方面也控制了有害動物的數量。

愛爾森也探討了外出狩獵本身作為一種巡查的功能與意義。皇帝一般在野外都居住在豪華的宮帳之中，例如在莫臥兒帝國的阿克巴大帝統治時期，每座宮帳都需要配備「一百頭大象、五百匹駱駝、四百輛馬車、一百名腳夫、五百名士兵和一千八百三十名侍從」（頁二九四）。皇帝出獵也是政敵發動政變的好時機。此外狩獵與戰爭之間的關係也很密切。在古代，獵手在軍隊中都是優秀的士兵，而遊牧民族由於保留了狩獵傳統，因此也具備較優越的武力。每次的出獵都被視為一次小型的軍事演習，甚至也有名為出獵，實為戰爭的情形。皇家狩獵在歐亞大陸的普及表現在各國之間透過在戰爭中繳獲的戰利品、進貢或饋贈等等。各國皇室間彼此交換動物，其中包括獅子、長頸鹿、獵犬、獵鷹、大象與獵豹等。此外各國也彼此交換馴獸師，並且交流訓練技術。最後，作者從宏觀歷史與深層歷史的角度來看皇室狩獵。作者認為皇室狩獵在歐亞大陸上的傳布與流行，實際上更早於「哥倫布大交換」的發生，也是最初的全球化現象。這種皇室狩獵的國際標準之形成，除了前述的人員與動物交換以外，還包括各種藝術媒介與視覺表述，並成為上層社會的共同話題。皇家狩獵活動在進入十九世紀後，隨著國際關係與戰爭活動的新標準出現，其功能受到了嚴重的削弱，最終逐漸退出歷史舞台。

愛爾森在解釋歐亞皇家狩獵之所以能持續如此長久的原因時，歸因於這個活動本身的意義多樣性。因為皇家狩獵具有許多目的，不僅能提供娛樂消遣，還能讓人逃避使人不快的社會情況。參加皇家狩獵是社會地位的標誌，也可以作為軍事演習，並且宣示統治合法性。作者沒有提到的一種功能是，它也可以作為帝王逃難的托詞。咸豐十年（一八六〇年）英法聯軍攻陷北京。咸豐皇帝自圓明園倉皇逃亡熱河。但是為了維持體面，對外發布的說法仍是仿效先祖行「木蘭秋獮」（清帝在承德地區的秋季狩獵活動）之俗。隔年咸豐皇帝也在避暑山莊駕崩，與其祖父嘉慶皇帝同樣在「皇家狩獵」過程中過世。

回到文章一開始所提到的鷹獵習俗，其實從古至今，鷹隼就是許多遊牧帝國統治者出獵的好搭檔。在一二八〇年劉貫道所繪的《元世祖出獵圖》中，就可以見到忽必烈的隨從帶著白海青和鷹隼隨行打獵，另外還有獵豹踞坐在馬背上，隨時可以被放出去追逐獵物。地上還有獵犬。畫中忽必烈與其后妃、隨從在塞外遊獵，有隨扈彎弓搭箭瞄準獵物，蓄勢待發。有的隨扈馬上已掛著獵物，成果豐碩。有的隨扈則執矛在旁警戒。雖說是出獵，但人人分工有序，各得其所，亦得寓戰於獵之真意。

在第十二章「國際化」中討論國際獵犬的交換網路中，愛爾森談到一七二〇年俄羅斯帝國曾經贈送給大清皇帝二十四隻獵犬。然而皇帝不僅喜歡搜集各地的獵犬，甚至還會進行比較。例如在清代《宮中檔康熙朝奏摺》中就收錄了一件滿文奏摺。其內容是有關閩浙總督覺羅滿保在康熙五十六年（一七一七年）曾派千總李岩（滿文音譯）去臺灣覓尋善跑的「麻達番子」一事。[33] 這些麻達番子的作用應當類似於元代宮廷中的貴赤或貴由赤，以健走善跑參與打獵。不過在這過程中還找到了四隻臺灣的獵犬。而且留下了「試看犬時，雖然跑得不快，但咬物尚有力」的記錄。最後他選了四隻咬物有力的狗與七名番子一併交付千總李岩帶往京城，進呈康熙皇帝御覽。然而等到康熙皇帝試看過後，卻對它們不甚滿意。在覺羅滿保進貢清單中，康熙皇帝特別在最後一樣貢物「台狗肆隻」之下批示「不及京裡好狗」。[34] 康熙皇帝日理萬機，卻還能撥空試看臺灣獵犬的狩獵能力，也算是展示了他熱愛狩獵活動的一個側面。

愛爾森認為獅子在中國一向是強權的象徵，如武則天陵即有一對石獅守衛，一方面是受佛教的影響，另一方面也體現皇帝的威嚴。然而，在中國歷史上只有少數幾個朝代將獅子視為權力象徵。陳懷宇在他的《動物與中古政治宗教秩序》一書中，就曾經與作者商榷，並認為在漢唐之際的中古中國，其實猛虎才是最重要的政治權威與權力象徵。這一方面是自商代以來的歷史傳統，另一方面虎的名號與形象在王權禮儀和裝飾物中頻繁出現。猛虎在中國觀念中作為眾獸之王，在許慎的《說文解字》中被稱為山獸之君，其實相當於獅子在印度的地位。北朝時期南下進入中原的遊牧民族首領以虎為名號亦所在多有，如羯胡的石虎與鐵弗的劉虎等。這些人名中的虎字，很可能並非名字，而是代表首領的官號。而自漢魏以來，虎賁在作為皇權最高象徵的九錫中占有一席之地，它與猛虎之間也具有緊密關聯。另外旌旗上的猛虎裝飾，以及虎皮作為太子、公主等皇室成員納采禮物也都代表了虎在中古政治上的重要性。[35]

另外愛爾森沒有討論到的一點是，對於來自內亞的統治者而言，狩獵還是他們傳統文化與民族認同中的一部分。作者在第五章對中國士大夫批評皇家狩獵活動的龐大開銷，還有大型獵場剝奪了民眾使用森林與對農業用地的徵收進行了分析。這種非漢的狩獵傳統與定居農業利益對立的情況在征服王朝中更加明顯。歐立德（Mark C. Elliott）與賈寧合著的〈清朝的木蘭秋獮〉一文（收錄於《新清帝國史》一書）就探討了這種衝突以及大清皇帝對於木蘭秋獮的態度。[36]康熙皇帝曾訓諭其後裔要尊重木蘭秋獮的講武傳統。乾隆皇帝也曾經表示木蘭秋獮是「祖制」、「家法」。但是這種作法也招來了朝中大臣的批評，認為皇帝此舉乃浪費錢財、耽於遊樂之舉。嘉慶皇帝於一八零七年在木蘭圍場所立的〈木蘭記碑〉中不僅重申先祖的講武思想，而且還對自己的出獵行為加以辯護：「夫射獵為本朝家法，綏遠實國家大綱」，「每歲秋獮，不逾二旬，駐營蒞政、閱本、接見臣工，一如宮中，不致稍曠庶事。豈耽於盤遊，貽五子之譏哉！」[37]這也提醒了我們在評價狩獵行為上所彰顯之清代滿洲統治者與漢人朝臣之間的差異。

該書充滿各種動物學名與各種歐亞語文的名詞轉寫，譯者馬特將該書迻譯為中文，想必花了不少心血。不過有些翻譯仍有可以商榷之處。第二頁的「田園主義」原文為 pastoralism，此處可能是與文學中的田園主義混為一談了，應譯為畜牧或牧業，後文中的田園亦適用此譯；而後面「遊牧時代」的原文為 herding stage，譯為放牧階段較佳。第三頁，hunter-gathering 一般譯為狩獵採集。而 ethnographer 該書譯為人種學，此為舊譯，譯為民族志學者較佳。第六頁，Carpini 該書譯為卡爾皮尼，一般譯為柏朗嘉賓。第三三頁，該書將 deer calling 譯為「喊鹿」，譯為「哨鹿」較佳。第六七頁，孛羅・阿洽（Bolad Aqa）應譯為孛羅・阿合。第三五一頁，一七一二年大清使節圖里琛所出使的是位於伏爾加河流域的卡爾梅克蒙古（Qalmaq），而非喀爾喀蒙古。第三八三頁插圖所用的《元世祖出獵圖》現藏於臺北的國立故宮博物院，而非北京故宮博物院。

總而言之，該書梳理了歐亞歷史上受到忽視的一個領域，不僅在時間跨度上暗合於近幾年來歐美史學界對於回歸長時段歷史寫作的呼籲，同時也與近來的環境史與動物史轉向能夠有所對話。推薦該書給所有對於人類狩獵、動物與自然環境歷史有興趣的讀者。

本章曾見於〈覓食、享樂與權力：歐亞皇室狩獵的長時段歷史〉，《經濟觀察報書評》二〇一八年二月二十八日。http://www.eeo.com.cn/2018/0228/323365.shtml（二〇一八年九月一日）。

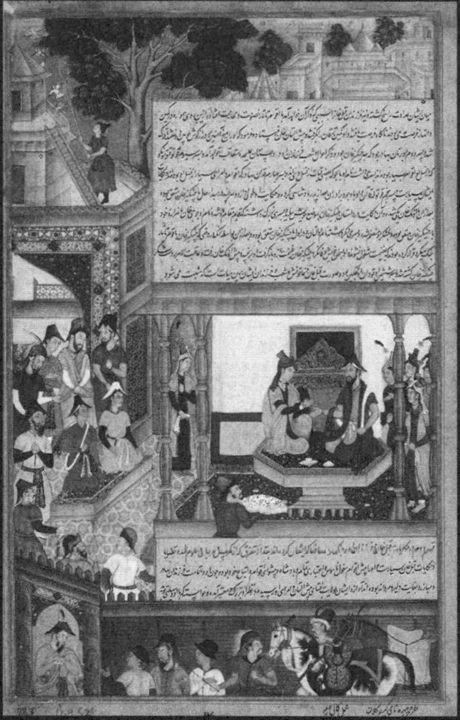

西元十三世紀以降，蒙古人建立橫跨歐亞大陸的大蒙古帝國，統治多種不同宗教及文化的民族，後世稱之為蒙古治世（Pax Mongolica）。日本學者岡田英弘認為，蒙古帝國統治歐亞大陸的時代，即是世界史的開端。

上圖來自於蒙古伊利汗國的波斯學者拉施特（Rashid al-Din）著作《史集》，描繪蒙古帝國大汗忽必烈及其皇后的登基典禮，其藝術風格融合波斯及阿拉伯特色，充分呈現出融合多種文化的蒙古帝國在世界史上的意義。寫作於十四世紀初的《史集》以開創蒙古帝國的成吉思汗及其黃金家族的歷史為主軸，描述蒙古帝國治下的歐亞大陸諸民族的歷史，可稱為首部具備現代意義的世界史作品。該圖現藏於美國華盛頓的亞瑟・M・賽克勒美術館（Arthur M. Sackler Gallery）。

II

蒙古時代的先聲
與歷史遺產

安史之亂至蒙古時代的歐亞歷史趨勢

——導讀《疾馳草原的征服者》繁體中文版

近年來，臺灣出版界引介日本歷史學界的研究成果不遺餘力。其中關於蒙古與內亞遊牧民族歷史的部分，則以杉山正明教授的作品為主。杉山正明現為京都大學大學院文學研究科教授，專攻蒙古帝國史與內陸歐亞史。他曾於一九九五年以《忽必烈的挑戰》一書榮獲三得利學藝獎，二〇〇三年獲得第六屆司馬遼太郎獎，二〇〇七年以《蒙古帝國與大元兀魯思》一書榮獲日本學士院獎，是僅次於日本文化勳章的崇高榮譽。而今天擺在讀者眼前的這本書《疾馳草原的征服者：遼、西夏、金、元》，則是日本講談社中國史系列叢書的第八冊《疾駆する草原の征服者—遼・西夏・金・元》。日文於二〇〇五年發行初版，中國則於二〇一四年由廣西師範大學出版社發行了簡體中文版，該書由中國社會科學院民族學與人類學研究所的烏蘭教授與內蒙古外國語職業學院的烏日娜兩位老師合譯，並由復旦大學姚大力教授撰寫推薦序。[38]如今臺灣商務印書館引進了完整的講談社中國史系列，並且全部重譯，這種大手筆在今日規模日益縮小的臺灣出版界中，可以說是難能可貴。由於姚大力教授先前已經針對該書的內容與寫作立場做過評述，為免重複，本篇導讀則以介紹該書主要論點以及新近的相關研究成果為主，以供讀者按圖索驥。

該書的書名雖已提示了主要內容，但實際上所涵蓋的範圍要廣泛得多。上自中唐的安史之亂，下至蒙古帝國的崩潰，都包含在這本小書中。該書除前言與結語外，正文共分為六章，另外書末附有主要人物略傳、歷史關鍵詞解說與年表等，方便讀者使用。前言揭示了杉山正明意圖將這段六百餘年的中國歷史放在世界史脈絡中來考察的宏大構想。作者認為在大元兀魯思（即元朝）出現之前的中國是所謂的「小中國」。雖然唐朝初期曾經將政治勢力擴張到中華本土（China proper，或譯為中國本部）以外，但是實際上這段時期相當短暫，只有三十年左右，僅能算轉瞬即逝的大帝國。中唐以降的中國，包括北宋與南宋的疆域都相對較小，即便加上遼、金與西夏的領域，也頂多只能算是中型規模。到了元朝之後，無論是明或清，在疆域上都大為擴張。可以說中華的領域自蒙古時代以降大為擴展，由「小中國」走向了多民族的「大中國」。在這段時間內，除了中國以外，歐亞世界同時也發生了劇變。例如在東部歐亞由粟特系領袖發起的安史之亂失敗了，但在西部歐亞伊朗系領袖的舉兵卻成功建立了阿拔斯王朝。回鶻的衰微造成了突厥系人民往西遷徙，從長期的觀點來看，這也造成後來突厥－伊斯蘭時代的展開。契丹人建立大遼國，之後被女真人擊敗後又往西遷徙，在中亞建立了西遼。而後來的蒙古帝國更是橫跨了歐亞大陸。甚至歐洲文藝復興時期由過去的神學思想朝理性思辨的轉變，還有借由資本主義而誕生的觀念，都是受到以蒙古為中心的東方所影響。這些情況都說明中國史的發展對世界史所造成的影響，故有必要將中國史放在世界史的格局中來探討。

在前言交代完了全書架構之後，第一章「巨大變貌的前奏」則是從時間尺度與歷史分期來探討唐代史，愛爾森主張不能將唐朝將近三百年的歷史視為一個整體，特別是唐初的世界帝國結構實際上並未持續到唐末。他也批評已故東京大學名譽教授西嶋定生所提出的以唐朝為東亞文化圈中心的說法，他認為這實際上是一種日本人以漢字文化圈為出發的偏頗觀點。冊封體制論認為草原國家是受到大唐冊封的屬國，則與事實相距甚遠，回鶻與黠戛斯基本上與大唐都是對等的關係，而整個東部歐亞世界的大變動則始於安史之亂。作者強調了安祿山出身為「營州雜胡」的文化與種族多元性，並且批評了漢文史料對安祿山的污蔑與偏見。安史之亂本身就具有國際化的性質，例如大唐仰賴了回鶻與大食的援軍而得以獲得最終勝利，但也因此受制於回鶻。唐代後期東部歐亞形成了回鶻與吐蕃兩強爭霸的局面。九世紀中葉回鶻與吐蕃這兩大強權的崩潰，也成為後來契丹與沙陀興起的背景。

第二章「邁向契丹帝國的道路」則以《將門記》與《扶桑略記》中記載日本已經得知九二六年契丹滅渤海國的消息一事為引子，鋪陳出當時契丹勃興於東北亞的情勢。而稍早於九二三年，突厥系的沙陀軍閥李存勗稱帝，建立後唐，並且滅了由篡奪唐朝的朱全忠所建立的後梁政權。華北自此落入沙陀之手。作者特別強調了耶律阿保機在創立契丹帝國的過程中，突破傳統草原可汗選舉體制，完成中央集權的部分。契丹帝國繼承了中唐以降在中國本部東北一帶積蓄的多種族力量，採納了來自燕地的韓延徽與韓知古等人的建議，建立起一個二元的集畜牧、農業與都市的複合國家。然而沙陀系的華北五代政權仍舊是以農業為主的傳統中國式國家。沙陀與契丹南北兩大政權的爭霸成為後來的歷史基調。

第三章「邁向南北共存的時代」則聚焦於沙陀與契丹之間的戰爭。基本上雙方互有勝負，契丹雖占上風，但並不具有絕對優勢。杉山正明在此批評了歐陽修《新五代史》與司馬光《資治通鑑》的偏頗記述，其二人將契丹與沙陀的戰爭視為夷狄與中華之戰。他認為沙陀政權的本質為無序而殘暴的軍事聯盟，實難以視其為過去的中華。另外，作者也強調耶律阿保機崩逝後，出身回鶻的述律皇后月里朵在維持大遼國聲勢與選擇阿保機繼任者上的關鍵地位。耶律阿保機長子耶律突欲和次子堯骨之間的權力斗爭也造成了大遼國統治階層內部的動蕩。耶律突欲原先貴為皇太子，在契丹滅渤海國後負責治理在渤海故地新成立的東丹國，但是治理成效不彰，又與月里朵太后關係緊張，最後在皇位鬥爭中敗下陣來，後來甚至離鄉投奔後唐李嗣源，被作者視為悲劇性人物。契丹一度成功使華北的沙陀政權後晉成為屬國，直到西元一〇〇四年北宋與契丹簽訂澶淵之盟後，南北和平對峙的國與國關係才確立下來，直到蒙古帝國興起才又打破這個局面。

第四章「造訪已經消失的契丹帝國——眺望歷史與現在」則有兩條主軸，一條為杉山正明於二〇〇四年八月底至九月初在內蒙古的調查活動造訪了慶州（位於赤峰市巴林右旗境內）的白塔與慶陵、遼上京與耶律阿保機祖陵等遼代遺址。另一條為契丹帝國的遺產與史論。作者感嘆了遼史研究材料的稀缺，並認為蒙古帝國似乎不願意見到有關契丹的歷史材料傳世。他認為契丹的國號先後共有三種，即「契丹國」、「大契丹國」與「大遼國」，每個國號的產生背後都有政治因素。另外作者在內蒙古旅行時見到草原的沙漠化問題已經十分嚴重，並且批評了中國的生態移民政策，認為遊牧民被迫定居為畜產農戶，被捲入現金經濟的浪潮當中，結果可能更加貧困。最後作者總結契丹的前身為拓跋，而其後繼者則是蒙古，但契丹不僅是內陸歐亞世界的繼承者，同時也是大唐的繼承者，這點從耶律阿保機於唐朝滅亡後的九〇七年即契丹大汗位，而且唐與契丹的皇帝陵形制相同可以得見。

第五章「亞洲東方的多國體系」討論西夏與金朝的歷史。杉山正明認為党項人建立的西夏並未留下系統記載，而以西夏文寫成的文書又多屬斷簡殘編，遠不足以構建其歷史輪廓，因此必須仰賴如《資治通鑑》一類的中國典籍，主要也是在於蒙古帝國並未留下太多關於西夏的記錄。西夏對蒙古帝國的影響不容忽視，例如西藏文化就是透過西夏而傳入蒙古帝國的。至於女真人建立的金朝則是在一一一四年由完顏阿骨打率領女真人反抗契丹，並於一一二五年滅遼，一一二七年滅北宋，取代遼朝成為東亞的強權。作者認為除了宋朝以外，其實遼國、西夏與金國都具有中華色彩，也就是說當時曾經存在著不同的中華國家，而東亞以可以被視為以澶淵模式為主的多國體系。

第六章「在横跨歐亞的蒙古帝國領域之下」則探討成吉思汗與他於一二〇六年一手創建的大蒙古國如何成為橫跨歐亞的大帝國。作者除了提及金朝當時在章宗統治下專注於國內事務，未能防範成吉思汗一統蒙古諸部以外，而且還強調了高昌回鶻與契丹人投靠蒙古對於後來帝國擴張的正面作用。後來蒙古西征滅西遼、花剌子模與西夏等。繼任的窩闊台汗則滅金朝，並且在蒙古本部建立新都哈剌和林，並命拔都西征，征服了欽察草原、俄羅斯與東歐。第四任大汗蒙哥則派遣其弟旭烈兀進軍伊朗，並且滅了阿拔斯王朝。到了忽必烈汗滅亡南宋，蒙古帝國已經成為有史以來最為龐大的歐亞帝國，不僅統合了遊牧、農業與城市地區，而且向海洋擴張。最終蒙古帝國的崩潰與十四世紀氣候異常的小冰河期有所關聯。

在結語中，杉山正明認為突厥與大唐都是瞬間的世界帝國，霸權都稍縱即逝。而契丹帝國則是一種統一草原與中華體系的新形態國家實驗形式，沙陀政權內部則比契丹更加複雜，但是缺乏明確的國家計劃，也缺乏軍力與政治力來一統諸勢力。北宋則繼承了五代沙陀政權以來的形勢，為了從軍閥手中奪回兵權而立下文治的立國方針，但也因此在軍事上處於劣勢，拜澶淵之盟所賜，才得以維持下來。西夏與金朝都是作為部族聯盟與多種族的混合體國家，但是兩者在國家規模與地域上存在很大差異。特別是金朝，原先很有可能在遼王朝的基礎上持續發展，但是由於內部無法整合，最終還是未能成功整合草原與中華世界。蒙古帝國在吸取了過往契丹與女真等國家的歷史經驗後，成功將草原、農業與城市整合起來，並且向海洋發展。即便在蒙古帝國崩潰後，明清帝國、帖木兒帝國、莫臥兒帝國、奧斯曼帝國與俄羅斯帝國等都繼承了蒙古帝國的多元複合國家與巨大版圖的遺產。

嚴格來說，該書的架構並不平均，從前述內容可見全書用了將近一半的篇幅討論契丹與遼王朝，以至於分配給西夏與金朝的篇幅明顯過於單薄。就算是關於遼王朝的部分，也偏重於澶淵之盟以前的早期歷史。作者為何選擇了這樣的寫作架構不得而知，但就我看來，要透過該書了解遼、西夏、金與大元各自的歷史面貌是有困難的。作為讀者，又如何定位該書呢？我的建議是把該書視為一種理解中唐以來至蒙古帝國崩潰之歷史趨勢的視角。例如由「小中國」到「大中國」的演變，遼王朝繼承了自北魏以來「滲透王朝」（Dynasties of Infiltration）的歷史經驗發展出更為細致的草原、農業與城市的複合政體，以及多國共存的澶淵體系，到最後蒙古帝國成熟發展為橫跨歐亞大陸與海洋的大帝國，並成為近代世界的先聲。循著這條主軸來閱讀該書，也許會比較容易把握全書重點。

接下來我想就該書所涉及的內容，談談其背景與近幾年來的研究進展，作為讀者未來的進階閱讀建議。首先是有關安祿山的相關研究。杉山正明在提到安祿山時，主要仰賴關西大學藤善真澄教授所寫的《安祿山：皇帝寶座的覬覦者》一書，該書的簡體中譯本已由中西書局出版。不過作者提及藤善真澄主張安祿山有糖尿病一事，經翻檢該書中譯與日文原版後仍未能尋得，僅提及疽病發作，不確定是否真為藤善真澄的主張。[39] 關於安祿山的研究，除了北京大學榮新江教授的增補重刊之作〈安祿山的種族、宗教信仰及其叛亂基礎〉一文中強調了安祿山叛亂以祆教作為號召以及其粟特人的種族身分之外，[40] 近年來較具規模的研究應屬北京大學沈睿文教授著《安祿山服散考》一書。沈睿文從人類學、考古學與歷史學等角度研究安祿山，主張安祿山的誕生故事具有祆教色彩，被視為鬥戰神的化身。安祿山很可能是非婚生子，以至於生父不詳。另外從安祿山長瘡病疽、目昏不見物與性情暴躁之病徵，認為是安祿山奉行道教服散，並非患糖尿病所致，而且從唐玄宗長年賜丹、厭勝與賜浴安祿山之舉看來，似乎是試圖用道教來控制安祿山。[41]這個推論比較大膽，也有書評予以商榷。[42]不過在目前缺乏新的文字材料下，該書中的跨學科取材與分析也算提示了未來相關研究的一種可能方向。

關於遼史方面的研究進展，最重要的應該屬二〇一六年點校本二十四史修訂本《遼史》的出版。[43]總其事的北京大學劉浦江教授於二〇一五年一月病故前完成了修訂本的統稿工作，相信後來的學界同仁都會感佩其貢獻。這次修訂《遼史》以百衲本為底本，以明代鈔本與清代殿本進行校對，並且利用了傳世文獻與出土契丹大小字碑刻在內的出土文獻進行參校，為後來的學者提供了極大的方便。[44]有關該書中所提到的契丹國號與東丹國，劉浦江教授也有所研究。他利用了契丹文與女真文石刻材料，證明遼王朝的非漢文國號為「喀喇契丹」，與漢文國號大契丹、大遼等有所出入；[45]利用墓志材料說明了東丹國直到九九八年仍舊存在，駁斥了九五二年東丹國名實俱亡的陳說。[46]劉浦江教授的研究可說是以契丹文治遼史的代表。

另外北京大學王小甫教授則從回鶻人對契丹的影響來談遼王朝政治文化的多元來源。例如該書所提到的述律皇后小字月里朵，王小甫推測這個詞源自回鶻語 ört，意為火焰、光芒。他也分析了《遼史》對耶律阿保機誕生與去世的描述，包括其母夢見太陽而有孕，出生時的「神光」與「異香」，以及去世時「大星墜地「與「黃龍繚繞」等異象。王小甫認為這些情節仿自摩尼降生和受啟神話，並推測是受到信奉摩尼教的回鶻人融入契丹後所產生的影響。而阿保機死前三年的預言，目的是在於將其自身塑造為摩尼教三位一體的救世主。[47] 另外北京大學羅新教授引《周書》中記載突厥在立可汗儀式上讓新可汗預言自己的在位年限，認為耶律阿保機預言自己死亡時間的做法，很可能就是受透過回鶻傳入的突厥文化影響。[48]

至於元史的主要新成果，近年中國和臺灣分別出版了《元典章》點校本可以算是一件盛事，中國版由中國社會科學院的陳高華、劉曉教授與北京大學張帆、黨寶海教授四位負責點校。[49] 而臺灣版則是由中央研究院歷史語言研究所洪金富教授以一人之力歷時十六年完成點校。[50]《元典章》是元代前、中期法令文書的彙編，書中記載了大量民事與刑事訴訟案件，是研究元代基層社會的重要材料。另外文書也載明了處理流程，故對於研究元代各機構的職掌與運作也有所裨益。最後文書中所使用的各種元代俗語也反映了當時的漢語使用情況，因此對於漢語史研究也有所幫助。

在該書中，杉山正明提到所謂元代存在蒙古、色目、漢人與南人四等人制的說法事實上是二戰以前日本學者的虛構，近年來針對這種陳說也確實存在反思。現任廣島大學教授船田善之就注意到元代文獻中找不到色目人的蒙古文對譯，以及元代許多高級官員都由蒙古人、色目人充當的情況是「根腳」（意指出身背景）的反映，而非制度性的四等人歧視。因此他主張色目與漢人、南人的任官差別僅僅是一種集團主義（collectivism）用人方法的結果。[51]不過近來四川大學教授洪麗珠則從元代基層州縣官員的族群結構進行分析，發現達魯花赤之類的高層地方官以色目人為主、蒙古人為輔，不分南北，即便是漢人也難任此官。而在中層以下的地方官員上，漢人則在南北都能任官，且比例較南人為高。而南人的任官不僅局限在南方，且官缺遠低於北方，任官機會相對稀少。所以即便四等人的分別不見得是制度化的歧視，但是這種出於族群制衡的作法產生的四類人任官比例失衡的現象，卻造成了在任官與法律地位上，這四類人之間有存在不公差異的結果。[52]

關於該書所述及蒙古帝國與伊斯蘭世界的關係，英國基爾大學（Keele University）教授彼得・傑克生（Peter Jackson）的新作《蒙古人與伊斯蘭世界》值得注意。該書探討了蒙古人如何在短時間內征服了廣大的穆斯林領地，並且比較了蒙古征服中東期間與後來內戰所造成的破壞規模，以及蒙古人如何讓其穆斯林臣民接受其統治、後來蒙古人如何接納伊斯蘭教、蒙古統治對伊斯蘭世界的影響等議題。傑克生認為穆斯林對西遼稱霸中亞的看法預示了後來對蒙古帝國征服伊斯蘭世界的評價，但是兩者之間存在不小的差異。而旭烈兀西征的大軍底下充滿了許多穆斯林的同盟軍這點，使其對手難以利用聖戰（*jihād*）的名義來抵抗蒙古大軍，而且有助降低其他穆斯林的反對。傑克生也認為蒙古帝國後來的連年內戰，難以配得上「蒙古治世」（*Pax Mongolica*）一詞，但是蒙古的統治所帶來的東西方之間物質、科技與藝術交流成就確實難以忽視。蒙古帝國征服伊斯蘭世界的結果則是促進了伊斯蘭教的傳播。[53]

綜上所述，該書雖然未能提供關於遼、西夏、金、元等朝代之歷史細節，但是它所描述自唐朝中葉以降至蒙古帝國崩潰這段時間內的歐亞歷史演變趨勢，卻有助於我們從歐亞世界史的角度來重新認識這段歷史。

本章曾見於〈導讀：從草原民族的歷史重新認識中國〉，收入杉山正明著，郭清華譯，《疾馳的草原征服者：遼、西夏、金、元》，臺北：臺灣商務印書館，二〇一七年，頁八至二〇。

印度視角下的蒙古征服中亞史

——評介《蒙古帝國中亞征服史》

在蒙元史學界，關於蒙古帝國經略中亞與印度的研究相對較少，而由印度學者所撰寫的作品又有機會被引介到中文學界的研究就更是鳳毛麟角了。如今在內蒙古社會科學院翻譯項目的資助下，由內蒙古大學教授劉瑾玉迻譯，瀋陽師範大學講師魏曙光審校，社會科學文獻出版社在二〇一七年出版了這本《蒙古帝國中亞征服史》（*Central Asia under the Mongols*）。中文讀者終於有機會接觸到由印度學者所撰寫的相關作品。

該書作者古拉提（G. D. Gulati）為印度籍歷史學者，以十三至十四世紀印度西北邊疆史為主題獲德里大學博士，後任教於德里大學的薩提雅瓦學院（Satyawati College）。

該書主要以波斯文史料與英文論著為基礎，對十三世紀蒙古的崛起與其征服歐亞大陸的過程進行描述，並且著重於察合台汗國在中亞的擴張以及它和當時印度德里蘇丹國之間的和戰，最後探討了蒙古帝國治下的絲綢之路貿易與其影響。以下首先對各章內容進行簡介。

該書首章界定了中亞（Central Asia）的範圍，並介紹了中亞的自然環境，包括山系、水文與沙漠。書中提到了歷史上關於中亞的各種稱呼，例如古希臘人稱之為「河中」（Transoxiana），阿拉伯人稱之為「河中」（Mawarannahr），波斯人則稱之為「圖蘭」（Turan）等等，而該書所採用的中亞定義，主要是當時察合台汗國的領地，約包括今日的中亞河中地區（Mawarannahr）、喀什噶爾地區（今新疆西部）、七河地區（Semireche，位於今哈薩克斯坦），還有以新疆北部為主的準噶爾地區。第二章則敘述蒙古先世與成吉思汗的崛起，其後裔如何繼承其征服事業和蒙古帝國分裂為四大汗國的過程。第三章討論由成吉思汗次子察合台建立的察合台汗國。察合台汗國受其他三個汗國包圍的地理位置，使得其擴張必須以犧牲其他成吉思汗家族成員的領地為代價，它也因而成為蒙古帝國當中的麻煩製造者。第四章則以海都與忽必烈之間的戰爭為主題，窩闊台系的海都與察合台系的都哇聯手挑戰忽必烈的蒙古大汗地位，大元帝國與察合台汗國之間的戰爭直到海都與忽必烈兩人去世後才停止。第五章則描述了蒙古人進攻印度及其失敗的原因。從成吉思汗西征起至十四世紀二〇年代，蒙古與印度之間發生了大大小小的戰爭，但蒙古都未能長驅直入征服印度。第六章探討中亞絲綢之路的商貿網路與重要城市，說明蒙古人如何提振了中亞的商業。第七章結論則提出察合台汗國遠征印度對後世印度的政治、經濟與社會所造成的深遠影響。

在中文學界中，與該書主題較為相關的專著，應為南京大學劉迎勝教授的《察合台汗國史研究》一書。[54]該書的內容雖然主要是針對察合台汗國內部政經情勢與對外關係，不過卻未在察合台汗國與德里蘇丹國之間的關係多加著墨。在歐美學界，則有英國基爾大學教授彼得·傑克生（Peter Jackson）的《德里蘇丹國：一部政治與軍事史》[55]以及耶路撒冷希伯來大學（Hebrew University of Jerusalem）教授彭曉燕（Michal Biran）的《海都與中亞獨立蒙古國家的興起》[56]兩部作品最為相關，而這兩部書也被古拉提教授多次引用。

前面提到該書主要仰賴的材料是波斯文史料，其中述及蒙古攻打金朝與阿富汗地區時，主要徵引的波斯文史料之一就是朮茲札尼（Minhāj al-Dīn b. Sirāj Muhammad Jūzjanī，生於一一九三年，卒年不詳）的《納昔爾史話》（波斯語轉寫拼音：*Ṭabaqāt-i-Nāṣirī*），該書記事終於一二六〇年。朮茲札尼原先在位於呼羅珊（Khurasan）的古爾王朝（Ghurid Dynasty）任官，蒙古入侵後出逃德里蘇丹國，擔任法官。例如該書第二九頁引用《納昔爾史話》描述蒙古攻打金朝中都（今北京）的慘烈場景與成吉思汗治軍嚴明：蒙古花了四年攻打中都，金朝守軍先用石弩攻擊蒙古軍隊。石頭用完了，就改用鐵、銅、錫等金屬製品；到後來只好直接扔金錠或銀錠；成吉思汗遂禁止蒙古士兵擅自拿取這些金銀；等到城破之後將這些財物搜集起來，用金朝皇帝的財貨清單對照清點，發現分毫不差。北京大學黨寶海教授曾經分析過《納昔爾史話》中關於蒙金戰爭的記載，認為朮茲札尼的報導人應該是賽典赤・寶合丁・拉齊（Sayyid-i-Ajall Baha ud-Din）。他曾被花剌子模沙穆罕默德蘇丹遣往蒙古擔任使者，負責打探當時剛剛崛起的蒙古內部情報，因此朮茲札尼的記述有一定可信度。而關於蒙古與德里蘇丹國戰爭之記載，則應當是出自他個人當時的所見所聞。[57]

前面提到該書的特色在於察合台汗國在中亞的擴張，以及它和當時印度德里蘇丹國之間的和戰。關於前者，主要是討論海都（Qaidu，一二三六至一三〇一年）與都哇（Du'a，生年不詳，卒於一三〇六年）在中亞組成的窩闊台與察合台家族聯盟勢力。這個部分在劉迎勝的《察合台汗國史研究》一書中有比較詳細的描述，此處不擬贅述。這裡主要探討後者，也是該書第五章的主題。

蒙古帝國與印度之間的接觸最早可以追溯到成吉思汗西征花剌子模。一二二一年八月成吉思汗打敗了花剌子模國王沙摩訶末後，追擊其長子札蘭丁（Jalāl al-Dīn Mingbarnī）到印度河畔。根據阿塔・馬里克・志費尼（Ata-Malik Juvayni，一二二六至一二八三年）在《世界征服者史》（波斯語轉寫拼音：*Ta'rīkh-i Jahān-Gushā*）中的記載，當時札蘭丁遭到蒙古軍隊包圍，無路可逃，最後跳入印度河逃走。成吉思汗對札蘭丁的英勇十分讚賞，不僅制止屬下追擊他，還對眾子弟說「為父者須有子若此」。[58]這是一段膾炙人口的歷史事件。

關於成吉思汗在當時是否南進攻打印度，歷史記載不一。根據蒙古文史料《蒙古秘史》第二六四節記載成吉思汗派遣巴剌（Bala）追擊札蘭丁與赫拉特（Herat）總督蔑力克汗（Malik Xān Amīn al-Mulk）到欣都思地方（即印度），但仍未尋得。回程時擄掠了欣都思邊地的百姓與牲畜。成吉思汗從當地班師，在額爾齊斯河處過冬。不過已故澳洲國立大學教授羅依果（Igor de Rachewiltz，一九二九至二〇一六年）指出《蒙古秘史》此段記載應有誤，蔑力克汗並未隨札蘭丁逃往印度。[59]該書作者根據波斯文史料記載，認為成吉思汗後來似乎放棄了這個計劃。在《世界征服者史》與《納昔爾史話》中指出成吉思汗放棄南征印度的原因是當時契丹人與唐兀人（指西夏）等東方領地人心浮動，有叛變之虞，故班師回軍。

作者在該書中引用了其他學者的研究，指出成吉思汗未進軍印度是因為耶律楚材的強烈反對（頁八二）。但作者對此僅一筆帶過，未提及耶律楚材反對的經過。其實此事出自《元史》。《元史》卷一《太祖本紀》記載：「太祖十九年甲申，是歲，帝至東印度國，角端見，班師」。卷一四六《耶律楚材傳》記載「甲申，帝至東印度，駐鐵門關。有一角獸，形如鹿而馬尾，其色綠，作人言，謂侍衛者曰：汝主宜早還。帝以問楚材，對曰：此瑞獸也，其名角端，能言四方語，好生惡殺。此天降符，以告陛下。陛下天之元子，天下之人，皆陛下之子。願承天心，以全民命。帝即日班師」。這段耶律楚材以瑞獸角端出現勸諫成吉思汗不應南征印度的典故，可能是因為作者不熟悉中文史料，故未能詳述。

根據《世界征服者史》記載，成吉思汗後來得到札蘭丁出沒於印度河北岸的消息，曾先後派出察合台與朵兒伯・朵黑申前往搜索，但是都沒能成功捉到札蘭丁。朵兒伯・朵黑申渡過印度河，席捲了南答納（Nandana）、木勒坦（Multan）與剌火兒（即拉合爾Lahore）等地。但是由於天氣炎熱，故在當地搶掠破壞後北撤回到成吉思汗大營。[60]此後，至成吉思汗過世之前，蒙古的兵鋒未再次指向印度。這很有可能是因為當時的德里蘇丹伊勒杜迷失（Iltutmish，一二一〇至一二三六年在位）拒絕給予札蘭丁庇護，試圖在蒙古與花剌子模之間的戰爭中保持中立之故。[61]

有學者認為蒙古人無意征服印度的原因在於酷熱的天氣以及旁遮普地區（Panjab）缺乏蒙古人遊牧所需的草場（頁八四）。雖說天氣酷熱確實是一二二四年朵兒伯・朵黑申撤退的主要因素，但是這並不足以解釋蒙古人未能占領旁遮普的理由。前述傑克生的研究指出，一方面蒙古人在其故鄉早已適應嚴酷氣候，另一方面十四世紀時蒙古人實際上經常在印度過冬，這表示蒙古人可能已經在當地找到適合的草場。[62]所以用天氣與草場兩個理由來解釋蒙古人未能征服印度並不充分。

要想解釋蒙古帝國沒能征服印度的主要原因，恐怕還是脫離不了對蒙古帝國內部的政治局勢分析，特別是大汗的過世與隨後的汗位爭奪所造成的政局不穩。例如我們可以看到，一二二九年窩闊台繼任為新的蒙古大汗後，很快就對呼羅珊與阿富汗地區發起新的進攻。德里蘇丹國的西北邊疆馬上就面臨極大壓力。這次蒙古大軍的目標是由哈散．哈剌魯（Hasan Qarluq）所建立的哈剌魯王國。該王國位於印度河東部地區，原先一直向蒙古人臣服並進貢。自一二二五至一二六六年，該地區一直是蒙古帝國與德里蘇丹國的緩衝地帶。在這次戰爭中，哈剌魯人的領地遭到掠奪與破壞。原先在占領了哈剌魯人的領地後，蒙古人打算繼續向南進軍印度，並於一二四一年再度占領剌火兒。但是由於蒙古人隨後得知窩闊台大汗去世的消息，這支軍隊遂退出剌火兒，剌火兒隨即被康合思人（Khokhārs）占領。而哈散．哈剌魯則趁著蒙古內部政局混亂之際，重新收復了其領地。[63]

另一個例子在該書中並未著墨，但在傑克生的研究中述及的是，在蒙哥汗統治與旭烈兀第三度西征期間，蒙古也曾經入侵剌火兒地區。一二五七年的冬天旭烈兀曾經應其保護國信德（Sindh）的庫術魯汗（Küshlü Khan）之請，由薩里那顏（Sali Noyan）率領軍隊攻打木勒坦等地。但是隨後在一二五九年由於蒙哥汗在攻打南宋四川釣魚城的戰爭中過世的消息傳到旭烈兀耳中，故蒙古很快又與印度停戰。這次的進軍又因為蒙古帝國內部的政治不穩而告中斷。[64]

此後在中亞的蒙古勢力以窩闊台與察合台家族聯盟勢力為主。蒙古帝國與印度之間的戰爭仍舊持續不斷，這部分由於該書中已經有比較詳細的說明，此處不擬贅述。大致上來說，在察合台汗答兒麻失里（Tarmashrin，一三三一至一三三四年在位）過世後，蒙古與印度之間維持了六十餘年的和平，直到一三九八年底帖木兒攻陷德里為止。之後，德里蘇丹國日漸衰微與解體，最終由帖木兒的曾孫巴布爾（Babur，一四八三至一五三〇年）於一五二六年征服了印度，建立莫臥兒帝國。印度的歷史也邁入了一個新的階段。

該書中所涉及的領域包括了蒙古史、中亞史與印度史，加上各種語文的轉寫系統不同，常出現一詞多形的情況，故翻譯難度之高可想而知。筆者對譯者、審校者與責編所付出的心血與努力表示讚賞，只可惜未能校正英文原書的諸多手民之誤，因此編校品質尚有較大進步空間。此處僅就該書中幾處編校未盡之處提出修訂意見：序言第一頁，Reuven Amitai Presiss 應作 Reuven Amitai-Preiss；Herbert Frank 應作 Herbert Franke；Danis Twitchett 應為 Denis Twitchett。第二頁，Paul Ratchuevsky 應為 Paul Ratchnevsky；

Bertold Spular 應作 Bertold Spuler。正文第四頁，吉爾吉斯坦斯坦應作吉爾吉斯斯坦。第五頁，什特－欽察應作達什特－欽察。第十二頁，玉龍杰蘇應作玉龍杰赤。第十六頁，Illi River 應作 Ili River。第九六頁，原文中提及察合台的繼承者達瓦（Dava）實為都哇（Du'a）的異譯。另外，有鑑於一般讀者可能對該書涉及的地理環境較不熟悉，建議再版時能將英文原書中的兩幅中亞與印度地圖補上，以資對照。

總而言之，該書的出版有助於補充中文學界在蒙元史和中世紀印度史研究中缺失的一塊領域。該書可以作為高中相關領域的教材，也可以作為愛好蒙元史與中亞、印度史地之一般讀者的進階讀物。未來出版界也可以考慮譯介相關著作，例如前述的傑克生與彭曉燕等人的作品。而有志於此的研究者可以在該書的基礎上繼續發掘漢文與其他語種的材料，精益求精。

本章曾見於〈印度視角下的蒙古征服中亞史〉，《澎湃新聞．上海書評》二〇一七年十月十八日，http://www.thepaper.cn/newsDetail_forward_1587104，二〇二〇年六月二〇日。

「成吉思大交換」與蒙古治世

——評介《世界歷史上的蒙古征服》

十三至十四世紀，蒙古人征服了歐亞大陸上的許多國家與民族，可以說他們的戰馬吃遍了整個歐亞草原的水草。而蒙古征服在世界史上也留下了深遠的影響。自二十世紀七〇年代以來，許多西方歷史學者都在研究與重估蒙古帝國的歷史遺產。例如紐西蘭坎特伯里大學（University of Canterbury）教授約翰・喬瑟夫・桑德斯（J. J. Saunders）的《蒙古征服史》（一九七一年版）[65]與美國威斯康星大學麥迪遜分校（University of Wisconsin–Madison）教授大衛・摩爾根（David Morgan）的《蒙古人》（一九八六年初版，二〇〇七年修訂二版）。[66]而在這些人當中，美國羅格斯大學教授湯瑪斯・愛爾森對這個課題做出了巨大的貢獻。他的《蒙古帝國的商品與交換：伊斯蘭織品的文化史》（一九九七年版）與《蒙古時代的歐亞文化與征服》（二〇〇一年版）擴大了我們對當時歐亞文化交流的認識。[67]他的近作《歐亞皇家狩獵史》也於二〇一七年九月由社會科學文獻出版社出版了簡體中譯本。[68]

另外，隨著新考古材料的出土，我們更能了解當時東亞和中東之間的科技與物質交流。以該主題所召開的學術會議，在會後也都出版了論文集，例如《成吉思汗的遺產：一二五六至一三五三年間的西亞宮廷藝術與文化》[69]（二〇〇二年版）和《超越成吉思汗的遺產》（二〇〇六年版）。[70]梅天穆（Timothy May）立足於這些先行研究之上，將這些成果綜合消化，加上他個人的研究成果，於二〇一一年出版了《世界歷史上的蒙古征服》（*The Mongol Conquests in World History*），[71]簡體中文版則由後浪出版公司與民主與建設出版社於二〇一七年十月發行。該書為我們提供了一個評估蒙古征服在世界史之影響的最新研究成果。

梅天穆現任美國北喬治亞大學歷史、人類學與哲學系教授與系主任。他在威斯康星大學師從大衛．摩爾根教授攻讀博士學位，主要研究蒙古帝國的軍事史；其近作為二〇一六年所編著的兩卷本《蒙古帝國歷史百科》，[72]筆者亦參與該書的寫作計劃。在南開大學歷史學院副教授馬曉林與北京大學歷史學系博士求芝蓉兩位合作翻譯下，使得該書得以在短時間內跟中文讀者見面，兩位譯者實功不可沒。在近年來出版界引進以杉山正明為代表的日本蒙元史與內亞史成果的風潮中，出版商逆勢引進歐美學界的新近研究，也有助於讀者拓寬視野。

在導言中簡短交代了該書所採用的理論與材料後，梅天穆將該書架構分為兩大部分：「作為催化劑的蒙古征服」和「成吉思大交換」（The Chinggis Exchange）；他認為蒙古征服改變了歐亞的政治版圖，並且為「成吉思大交換」提供了一個平台。第一部分共有三章，分別處理蒙古帝國的形成、解體與後果。由於梅天穆本身是蒙古軍事史的專家，因此他為讀者提供了相當清楚的蒙古征服歐亞史。第三章則是目前筆者所見到對後蒙古時期的歐亞局勢最簡明扼要的綜述。

第二部分則包括了七章，每章各探討關於「成吉思大交換」的一個主題，包括了貿易、戰爭（與技術）、行政、宗教、病菌（例如鼠疫）、人口與文化。關於貿易，梅天穆討論了中國的紙鈔如何影響了中東的貨幣改革，並且指出由蒙古人建立的首都哈剌和林與新薩萊都是隨著蒙古帝國的興衰而有所起伏，因為蒙古人在安排驛站的路線時也考慮到了商業的需求。關於蒙古戰爭與其現代影響的部分，作者基本上取材自其首部作品《蒙古的戰爭藝術》。[73]他認為很難證明在十三世紀火藥並未應用在中國以外的地區，因為目前尚未發現任何考古證據，而歷史語文學的證據尚不足以支持此結論。在探討行政的章節中，他指出蒙古帝國內部的行政透過徵稅達到一致，而大規模的人口普查則有利於徵稅。蒙古的治理模式也對其後繼者留下了深遠的影響。在宗教上，蒙古人以宗教寬容著稱，但是直到一二六〇年帝國分裂以前，他們並未改信任何世界性的宗教。梅天穆認為主要的原因在於蒙古人信奉長生天（這也被某些學者稱為騰格里主義），認為自己有征服世界的天命，而且改信其他宗教則意味放棄自己的認同。即便後來蒙古人的確改宗了佛教與伊斯蘭教，他們所信奉的都是這些宗教當中的綜攝（syncretic）宗派（例如藏傳佛教和蘇非派）。由於這些宗派對外來成分的接受程度較高，因此蒙古人不需擔心改宗會犧牲其原有習俗與認同。而談到移民時，作者認為所謂的蒙古治世（*Pax Mongolica*）不僅促進了移民，同時也導致歐亞各地出現突厥系國家。在最後一章中，作者討論了一些被後人所低估的歐亞文化交流，例如食物與衣著等等。

該書對於蒙古帝國治下不同民族的角色與作用作了很詳實的研究，不過有關畏兀兒人（the Uyghur people）的重要性也許還有可以發揮的餘地。作者正確指出蒙古人最早入侵的定居政權為西夏，時間為一二〇五年。但西夏並非最早歸順蒙古的定居政權，畏兀兒人才是，時間約為一二一一年。而畏兀兒人對蒙古人所負有的義務與規定，後來也成為其他被納入蒙古的民族與國家所必須遵守的。例如這些歸順蒙古人的民族或國家，其統治者必須親自前往朝見蒙古大汗，而且必須遣送其兒子或近親前往蒙古大汗處作為人質。蒙古帝國有權在其領地徵稅、徵兵以及設置驛站。畏兀兒人對蒙古的文化影響亦相當重要，例如成吉思汗便採用畏兀兒文字來拼寫蒙文，畏兀兒人塔塔統阿則被認為是蒙文的創造者。因此在蒙古帝國的行政體系中也常見畏兀兒書記官，而且其中不乏高層官員。例如鎮海（生年不詳，卒於一二五二年）曾任窩闊台汗與貴由汗帳下的大臣，據信他就是畏兀兒人出身。因此我們可以說，蒙古征服也造成了畏兀兒文化在歐亞世界的傳播。[74]

隨著時間的過去，書中提到的學界研究現狀也需要更新。例如在書中第三一一頁，作者感嘆關於蒙古后妃的英文著作僅有傑克·威澤弗德（Jack Weatherford，臺灣譯為傑克・魏澤福）的《最後的蒙古女王：成吉思汗之女如何拯救蒙古帝國》。[75]不過在這段期間內，已經有了英國聖安德魯斯大學中東研究的研究員布魯諾・狄・尼可拉（Bruno de Nicola）的《蒙古治下的伊朗婦女：以皇后為例的研究，一二〇六至一三三五年》（二〇一七年版）與安・布蘿德布麗吉（Anne F. Broadbridge）的《婦女與蒙古帝國的形成》（二〇一七年版）。[76]期待未來這些書也能發行中譯版。

在該書第四一頁談到蒙古認同的轉變與第二八一頁談到蒙古草原上的移民時，作者都提到了成吉思汗創造了「全體蒙古兀魯思」（*Khamag Monggol Ulus*）（如克烈部與乃蠻部）。他認為在成吉思汗興起以前就存在一個名為「全體蒙古兀魯思」的政體。因此它可以被視為後來一二〇六年後蒙古向外擴張後形成之「大蒙古國」（*Yeke Monggol Ulus*）的原型，但梅天穆在此並未注明此說的出處。這裡的問題癥結在於蒙文的兀魯思（*ulus*）一詞本身就具有國家、民族和人群的意思。筆者自己原先讀到這一段時，認為雖然有些蘇聯與蒙古國學者也有類似主張，但受到著名蒙古史與阿爾泰學家羅依果（Igor de Rachewiltz）所譯的《蒙古秘史》英譯本所影響，覺得這裡譯為「全體蒙古人」可能比較適切，而不是一種成吉思汗以前的蒙古國名或稱謂。[77]該書中譯本譯後記基本上也採取了類似的立場（參見頁三七二至三七四）。

然而在二〇一二年的美國內陸歐亞學會年會上，筆者有機會當面與梅天穆請教此問題。他向筆者表示，此說的出處實為蒙古國立大學社會人類學系教授孟和額爾登（Lkhamsuren Munkh-Erdene）在二〇〇五年北海道大學的博士論文〈蒙古認同與民族主義：起源、轉變與本質（十三世紀至一九二〇年代中期）〉，[78]後來改寫為期刊論文〈蒙古帝國從何而來？中世紀蒙古人的民族、國家與帝國概念〉。[79]該文分析了十三與十四世紀的蒙古文材料，包括了〈移相哥碑〉（又稱為〈成吉思汗碑〉）、《蒙古秘史》以及《華夷譯語》等，得出一個結論：在十三與十四世紀時，得以被稱為兀魯思的一共只有三種範疇：蒙古、已經滅亡的中國朝代（例如商朝、周朝與宋朝）與印度歷史與神話中存在的國度（如西天須摩提與摩揭陀），而亦兒堅（*irgen*，意為「民」）則用來稱呼包括蒙古人在內的所有人群。孟和額爾登因此主張在十三至十四世紀，兀魯思是一種國家社群的政府範疇，也因此，「全體蒙古兀魯思」應當是具有政府與國家形式的概念，而非僅是一種對人群的泛稱。後來在二〇一三年出版作為《蒙古秘史》英譯本補編的第三冊中，雖然羅依果引用了一些俄羅斯與蒙古國學者的新作，再度討論了兀魯思的問題，但是並末將孟和額爾登的觀點放入討論，並且維持前述意見。[80] 筆者研讀完這些討論後，目前反倒認為梅天穆與孟和額爾登兩位的看法可能更具說服力。當然有關這個問題的討論肯定未來還會持續下去，筆者也期待見到新材料與新研究的發表。

梅天穆的書也提醒了我們，在中世紀發生的「成吉思大交換」中，蒙古人實際上扮演了主動角色。在蒙古興起之前，中東的伊斯蘭文明與東亞的儒家文明出於民族自我中心偏見，互相貶低，對於國際性的交流並不感興趣。若是沒有蒙古征服歐亞世界，這兩大歐亞文明也許不會被迫進行大型且長期的思想、文化與科技互動。隨著世界史與全球史越來越受到重視，該書想必會受到相關教師與學生等讀者的歡迎。

該書中譯本不僅將原書的黑白圖片都改以彩色印刷出版，另外在許多地方都改正了許多英文原版的錯誤。例如原書將蒙古著名佛教寺院額爾德尼昭的建造者誤植為土默特部的俺答汗（或譯為阿勒坦汗），該書也改正為喀爾喀部的阿巴泰汗。第二九〇頁，原書作者將京劇（Peking Opera）誤以為是受到蒙古人的贊助而興起的，實際上京劇是一直到十九世紀中期，融合了徽劇和漢劇，並吸收了秦腔、昆曲、梆子等，才在北京形成的戲劇藝術。中譯本也發現了這個問題，並更正為元代的北方雜劇，可以說譯者們下了不少苦心。

最後僅就該書若干校訂未盡之處，做一說明：第九頁，美國東亞學者費正清的英文原名應為 John K. Fairbank 而非 Jonathan K. Fairbank；第一二五頁，蒙古國成為世界上第二個共產主義國家的時間誤植為一九一二年，應為一九二一年，或更為正確的是一九二四年；第一九四頁，作者論及火藥在草原地區的普及時，提到清代康熙皇帝與準噶爾蒙古的噶爾丹交戰時，衛拉特使用瑞典路德會士製造的加農炮。此處的瑞典路德會士應為被準噶爾人俘虜的瑞典炮兵雷納特（Johan Gustaf Renat，一六八二至一七四四年），實際上他要等到一七一六年才被俘虜，而當時噶爾丹的準噶爾軍隊所使用的火器為土耳其式的「贊巴拉克」。詳見中國社會科學院近代史研究所助理研究員張建的博士論文。[81]

綜上所述，該書觀點新穎，別出心裁，適合作為高中蒙元史與世界史的參考讀物。一般大眾若對這段歷史有興趣，如能略下工夫亦不難入門。在此也期待出版界能夠多引進歐美學界的相關研究，相信能有助於促進目前出版市場上外國蒙元史與內亞史研究的多樣性。

本章曾見於〈重估「成吉思大交換」與蒙古治世〉，《澎湃新聞‧上海書評》二〇一八年二月十五日，http://www.thepaper.cn/newsDetail_forward_1993486（二〇一八年九月一日）。

蒙古帝國是如何「發明」世界史的？

——評介《世界史的誕生》

在史學界，岡田英弘以其東洋史與蒙古學研究蜚聲學界，現為日本東京外國語大學亞非語言文化研究所名譽教授與東洋文庫專任研究員。他因參與神田信夫與松村潤等人主持的《滿文老檔》譯注工作，而以二十六歲的青年學者之姿榮獲日本學士院獎，這是僅次於日本文化勳章的榮譽。然而在中國他被引介的作品多半是與滿學與蒙古學相關的學術論文，其數量與其專著相比實為九牛一毛。這也許與他後來被視為「日本右翼史學」的代表之一有關。所謂的日本右翼史學帶有日本民族主義的極端色彩，並試圖對二戰結束以來日本左翼史學界對本國的侵略、殖民擴張以及戰爭罪行的批判進行反駁與修正。

也因此過去他的歷史詮釋並不受中國當局所待見。

然而，二〇一五年四月二十三日中共中央政治局常委、中紀委書記王岐山在中南海會見美籍日裔政治哲學家法蘭西斯・福山（Francis Fukuyama）一行人時，特地提及他對岡田英弘歷史著作的欣賞。不久後，坊間的報刊雜誌開始刊登了關於岡田英弘的介紹文章，其中以哥倫比亞大學東亞系博士生孔令偉為《澎湃新聞》撰寫的《王岐山說的岡田英弘是誰？》為代表。[82]而不少出版社也開始著手譯介其作品。而該書《世界史的誕生：蒙古帝國的文明意義》可以算是這波風潮下的首部成果。廣大的中國讀者群也得以一窺這位日本史家對於世界史的另類思考與觀點。

該書的日文原名為《世界史の誕生―モンゴルの発展と伝統》，於一九九二年發行初版，一九九九年再版。最早於二〇一三年由臺灣的廣場出版社首先發行繁體中文版《世界史的誕生：蒙古的發展與傳統》，由陳心慧翻譯，而校訂新版則轉由八旗文化於二〇一六年發行。該書的簡體中文版則據繁體中文版為底本，並經中央民族大學副教授袁劍審校後，由北京出版社於二〇一六年發行。與繁體中文版相較，簡體中文版刪略了部分內容與所有地圖，但基本上保持了原書風貌。從現今的角度來看，該書內容已略嫌陳舊，但仍可從中一窺岡田史學之梗概。

岡田英弘主張，由於蒙古帝國的出現而使世界史的書寫變得可能。因為在古代文明中，書寫歷史是作為一種文化出現的，最早擁有歷史文化的僅有兩種文明，即西方的地中海文明與東方的中國文明。其餘的文明原本缺乏歷史文化，但後來受到前述兩大文明影響而產生書寫歷史的文化。東西方的歷史文化觀則分別以源自西方地中海文明的希羅多德《歷史》，和源於東方中國文明的司馬遷《史記》兩書為代表。

地中海型歷史觀以希羅多德的《歷史》為代表。該書研究的對象並非希臘世界，而是橫跨亞非的波斯帝國，所描述的是尚未統一的弱小希臘如何戰勝亞洲強國波斯的故事。這種希臘系文化的歷史敘事與另一支後來透過基督教進入羅馬帝國之猶太系歷史文化（以《聖經・啟示錄》為代表）中的善惡對決世界觀相重合的結果，確立了地中海文明以「善良歐洲戰勝邪惡亞洲為歷史宿命」為代表的對決歷史觀，以變化為主題。後世的西歐人身為受到基督教影響的羅馬帝國後裔，其歷史觀則在希臘系與猶太系兩種文化之間擺蕩。

中國型歷史觀則以司馬遷的《史記》為代表。該書記載的是中國帝制的歷史，討論的是皇權的起源與轉移的過程。皇權之所以轉移，是天命轉移的結果，天命傳承的順序被稱為正統，天命的正統萬一出現了變化，皇帝的權力將無法維持。因此中國型的歷史觀選擇忽略現實世界的變化。在這種以正統遞嬗為主軸的歷史觀下寫出的歷史，基本上是一種停滯不變的歷史。其歷史舞台主要局限於中國內地，無法將中央歐亞地區的歷史反映出來，例如《元史》僅是蒙古四大汗國中「元朝」部分的歷史。

第六章為全書重心所在。作者主張前述兩種歷史文化都是從自身所處的區域來看世界，兩大文明各自認為自己的區域才值得被稱為世界，且這兩種不同的歷史模式也無法兼容。然而十三世紀橫跨歐亞的蒙古帝國出現，使得這兩大歷史文化透過「草原之道」結合在一起，為世界史的出現搭設了舞台。該書作者主張由於蒙古帝國統合了歐亞大陸，並重新劃分其政治邊界，因此可以說後來的中國、俄羅斯與土耳其等民族國家的出現也是蒙古帝國統治下的遺產。他更進一步認為資本主義經濟其實首先誕生於華北，在蒙古帝國統治下經由歐亞草原傳入地中海世界與西歐，加上海上貿易發達，因而揭開了現代的序幕。而且蒙古帝國獨占了歐亞的陸路貿易，以至於處在外圍的日本與西歐被迫轉向海路貿易，遂開啟了海洋帝國的時代。

岡田英弘認為在蒙古帝國治下，整個世界可以被視為整體，牽一髮而動全身。因此可以說蒙古帝國成立之前的時代是世界史以前的時代，十三世紀後才出現了真正的世界史。其中又以十四世紀初期供職於伊利汗國合贊汗廷的拉施特（該書譯為拉希德丁）所編著的《史集》為代表。該書從蒙古人及其他遊牧部族的歷史寫起，然後述說了蒙古大汗的歷史以及蒙古以外各國人民的歷史，包括自《舊約聖經》中的亞當以降的先知、穆罕默德及其繼承者的阿拉伯帝國、波斯、塞爾柱、花剌子模、中國、法蘭克（包括羅馬皇帝與教皇）及印度等地的歷史，規模遠超過以往的歷史著作（頁一九四至一九六）。

雖然哈佛大學中國與內亞史教授傅禮初（Joseph Fletcher）認為在十六世紀以前不可能有所謂早期現代（一五〇〇至一八〇〇年）的全球整體史（integrative history），因為直到十五世紀末，美洲新大陸的文明仍舊與亞、非、歐洲隔絕，而且學界對該地區的早期歷史仍舊缺乏了解。[83] 傅禮初的論點確實有理有據，不過如果我們將岡田英弘的論點做些修正，稱《史集》這部以成吉思汗黃金氏族為中心的歐亞史，在規模上堪稱最接近現代意義的前現代世界史作品，也許爭議會更小，且能更適切地描述其意義。

當時在「蒙古治世」下，這種歐亞世界一體的想像不僅反映在史學的時間概念上，也反映在製圖學的地理概念中。日本京都大學東洋史與蒙古史教授杉山正明在《顛覆世界史的蒙古》一書中就曾經比較過當時分別成於歐亞大陸兩端的兩幅世界地圖。一是由猶太人亞伯拉罕・克列斯克（Abraham Cresques）繪製，現庋藏於法國國家圖書館的《加泰隆尼亞地圖》（Catalan Atlas，也譯為《卡塔蘭地圖》），成圖時間約為元朝失去對中原控制不久後的一三七五年。另一幅圖則是朝鮮王朝繪製於一四〇二年的《混一疆理歷代國都之圖》。前者由八張長幅圖組成，西起大西洋、不列顛島，經北非、中東與印度，東達中國，裡面的許多地名明顯受到《馬可波羅行紀》的影響。後者應當是以元代流傳的《聲教廣被圖》和《混一疆理圖》兩種底圖繪成，圖中記載的諸多行政區名稱為元代稱呼。該圖東起日本、朝鮮半島與中國，並包括阿拉伯半島在內的歐亞大陸與非洲，西至歐洲邊際。這兩幅世界地圖對於距離本文化越遠之地區的記載粗略程度不一，但呈現出歐亞一體的意識和視野則是它們的共同特徵。如同《混一疆理歷代國都之圖》中的「混一」所表示的，蒙元不僅終結了中國史上三個半世紀宋遼金南北分治的局面，而且也是華夷的混一，其範圍約相當於當時的歐亞世界。[84]

岡田英弘認為明朝是蒙古的繼承者，理由是明朝實行帶有元朝色彩的軍戶制與封建制等（頁一六六至一六七），而這些確實都有蒙古統治的成分在內。到了明代中葉，雖然封建制仍舊存在，但是軍戶制已日益廢弛，並逐漸改為募兵制。關於明朝繼承元朝制度的問題，學界也有了更為細緻的理解。在西方中國史學界，近年來風行的宋元明轉折論就強調元朝在這段時期中的關鍵角色。在中國學界，南開大學教授李治安近來則提出「兩個南北朝」的理論，即第一個南北朝與後來的宋遼夏金第二個南北朝，而唐宋變革則是兩個南北朝之間的過渡時期。[85]而在中國歷史與制度發展上，也存在著南朝與北朝兩條發展方向。元明之間的繼承關係在這個理論中，則可以視為由遼夏金元代表的軍戶制、戶役法與封建制等北朝傳統在明初被繼承，但明中葉以後如募兵制、一條鞭法與民營納稅等近似中唐兩宋為代表的南朝制度逐漸復甦，因此後來形成南北兩種體制並行的情況。這種分析其實要比岡田英弘僅以明初的情況下結論要來得更加全面，也更能描述即便明承元緒，但其後來的發展軌跡逐漸偏離元朝傳統的情況。

岡田英弘對地中海型與中國型歷史的詮釋作了過度概括，故出現將兩者本質化而無法互通的情形。就筆者看來，地中海型與中國型歷史中其實也有互通之處，即都強調定居民族與遊牧民族之間的關係。例如希羅多德的《歷史》中，確實存在如作者所言希臘與波斯兩大定居文明間的對抗，但是作者忽略了該書的另一個主題，即定居波斯文明與遊牧斯基泰文明之間的和戰。至於作者所謂停滯的中國式史觀，從該書著重分析的《史記》來看，北方遊牧匈奴民族與南方定居漢朝的對抗也是一個重要主題，而且這種對抗是出自兩種文化間不可化約的差異。如同美國賓州大學（University of Pennsylvania）教授金鵬程（Paul R. Goldin）在〈在古典中國裡作為哲學問題的草原遊牧民族〉一文中所提到的，古典中國哲學中原先認為所有人類的本質相同，只是存在文化習俗上的差異，但這種差異在聖賢的教化下是可以被改變的。但到了漢代中國，這個情況已經有所改變。例如《史記．匈奴列傳》中，司馬遷所記載之中行說與漢朝使節間的對話，已經表明了漢文化習慣不見得適合所有人（如匈奴），並承認即便是教化亦有其界限。[86]

反觀其他受蒙古帝國影響下編纂的史書，也並非都如《史集》一般具有廣闊的世界視野。以據信出於蒙古史家之手的《蒙古秘史》為例，其內容也是詳於蒙古本部與黃金氏族的歷史，而在述及其他定居文明時，也同樣存在著記載粗疏與年代不清的情形。因此《史集》的出現，其實某種程度上算是一種特例。

也就是說，地中海型、中國型以及後來的蒙古型（或中央歐亞型）這三種歷史觀之間的差異可能並不像作者所說的如此水火不容，而定居民族與遊牧民族之間的關係則是三者之間共有的主題。因此我們在思考前現代歐亞世界史的寫作模式時，如果能從定居民族與遊牧民族之間的關係出發，那麼前述這三種歷史模式其實都能作為我們撰寫前現代世界史的思想資源。

另外在第七章「從東洋史與西洋史到世界史」中，岡田英弘對日本史學界歷史分期的反思也值得我們思考。他認為傳統日本史學界的日本史、東洋史與西洋史三大分支，由於缺乏共同的分期標準，因此無法從中為新的世界史發展出一個適當的研究架構。例如內藤湖南的唐宋變革論中將皇帝專制視為中國走向「近世」（即近代）的指標之一，但是在西方，專制主義主要的發展僅僅限於法國，並不能作為整個西方的發展代表，因此並不是一個很好的指標。這個批評也促使我們應當重新思考中國史與世界史分期的分期問題，而該書主張以蒙古帝國成立為世界史分期的標準也值得納入考慮。

最後針對該書存有疑義與校訂未盡之處作一補充，書中正文第一頁，將闊闊出視為鐵木真的堂兄弟，是因為闊闊出之父蒙力克曾對鐵木真有恩，故鐵木真尊稱他為「蒙力克父親（蒙語：*Mönglik echige*）」，但實際上鐵木真與闊闊出應無真正的血親關係。第七二頁，回鶻汗國的「吉爾吉斯人」，歷史上稱其為「黠戛斯」。第一六一頁，「伊兒汗國」為舊譯名，現多譯為「伊利汗國」。第一九九頁，《蒙古源流》一書偶誤作《蒙古流源》。同頁「布兒罕合。勒敦山」中之句號為手民之誤，應去之。第二一五頁，「滿州語」應作「滿洲語」。

簡言之，筆者同意該書主張以蒙古帝國成立為分期的中央歐亞視角有潛力成為未來世界史學界的典範，但這並不需要以貶抑其他文明的史觀為代價。反之，我們實可以從這些不同的史觀中持續汲取養分，以便創造出更具解釋力的世界史典範。

本章曾見於〈蒙古帝國是如何「發明」世界史的?〉，《東方早報・上海書評》，二〇一六年四月十七日。

成吉思汗的宗教自由政策及歷史遺產

——導讀《成吉思汗與對上帝的探求》繁體中文版

如果票選世界史上影響最大以及最具爭議性的帝王，成吉思汗應該有機會排入前三名。過去成吉思汗與他一手建立的蒙古帝國在歷史上的評價一直相當兩極，即便在其故鄉蒙古亦然。在伊斯蘭世界中，成吉思汗被認為是「上帝之鞭」，而且殘殺了許多穆斯林，後來其孫旭烈兀更終結了阿拔斯王朝的哈里發統治，自此伊斯蘭世界失去了共主，但是蒙古帝國的征服與伊斯蘭化也有助於伊斯蘭教的廣為傳播。在俄羅斯世界中，蒙古統治所造成的「韃靼桎梏」（Tatar Yoke）被視為俄羅斯發展落後於西歐的主因，但是在蒙古庇護莫斯科大公國作為收稅與統治的代表下，也創造了後者日後崛起的條件。在中國，元朝的統治過去被認為是中國歷史上的逆流，漢文化與儒家思想受到打壓，科舉制度一度停擺，但是蒙古人打破超過百年的中國南北分裂態勢，使漢地重新得到一統，也奠立了後來大中國的領土規模。在蒙古國，原先在社會主義時期（一九二四至一九九二年），成吉思汗被認為是壓迫蒙古人民的封建領主，不能公開崇拜，直到一九九二年放棄社會主義道路之後，這種情況才逐漸好轉。

近年來在引介成吉思汗與蒙古帝國的歷史給大眾的通俗非虛構作品中，傑克・魏澤福（Jack Weatherford）的著作應該是最受歡迎的作品之一。其首部與蒙古相關的作品《成吉思汗：近代世界的創造者》（*Genghis Khan and the Making of the Modern World*）於二〇〇四年出版。[87]在這部作品中，作者主張蒙古帝國所揭櫫的原則，諸如通行紙鈔、國家位階高於教會、宗教自由、外交豁免、國際法等，對於後來歐洲社會啟發甚大。而印刷術、火藥與指南針三大科技在蒙古帝國時期由東方傳至西方，也促成了文學、戰爭與航海等方面的進步。可以說，成吉思汗所創建的蒙古帝國是近代世界的先聲。該書出版後一時洛陽紙貴，榮登《紐約時報》暢銷書排行榜長達數周。魏澤福也因此獲頒蒙古國的北極星勳章，以表彰其推廣蒙古文化與歷史的貢獻。其第二本書《成吉思汗的女兒們》則探討女性在蒙古帝國建立的過程中被忽略的貢獻，例如成吉思汗的女兒們被作為政治聯姻的工具，穩定了蒙古帝國與周邊同盟國的關係；成吉思汗過世後，其兒媳脫列哥那與孫媳斡兀立・海迷失攝政所造成的混亂，還有其兒媳唆魯禾帖尼讓拖雷系的後裔能夠掌握大權的經過；最後是賢者滿都海可敦輔佐年幼的丈夫把禿猛可重振黃金氏族在蒙古的統治。[88]該書也堪稱英語學界關於該主題的第一部綜合性專著，其重要性不可磨滅。而前揭二書的繁體中文版也由黃中憲翻譯，並由時報文化出版公司發行。二〇一六年，魏澤福推出了他的第三部相關作品《成吉思汗與對上帝的探求：世上最偉大的征服者如何給了我們宗教自由》。如今繁體中文版也由原班人馬擔綱，以《征服者與眾神：成吉思汗如何為蒙古帝國開創盛世》為名出版。

在該書《成吉思汗與對上帝的探求》的序言中，魏澤福首先從吉朋在《羅馬帝國衰亡史》一書主張成吉思汗與歐洲哲學的寬容觀和新興國家美國的宗教自由之間的關聯開始談起，並且梳理了由法國學者佛朗索瓦・佩帝・德拉克魯瓦（François Pétis de la Croix）一七一〇年初版的《古代蒙古人和韃靼人的第一個皇帝成吉思汗大帝的歷史》（*The History of Genghizcan the Great, First Emperor of the Ancient Moguls and Tartars*）一書在北美十三州殖民地的流通與閱讀史。他發現美國獨立革命先賢之一的湯瑪斯・傑佛遜（Thomas Jefferson）曾經受該書中提到成吉思汗將宗教自由形諸法律的影響，以及維吉尼亞成文法與美國憲法第一修正條款中對與成吉思汗的第一道法律在強調宗教自由的精神上的相似性。導論「神的憤怒」則說明成吉思汗自認為是上天派來懲罰穆斯林的人，因為穆斯林犯了過錯。自成吉思汗以降的蒙古大汗都深信上天透過祂所授予權力的那些人表達祂的意旨，蒙古人的勝利和興盛正是他們得到天佑的證明。成吉思汗晚年在阿富汗聆聽各宗教人士的說法，這種對神的追尋則必須要從他早年歲月的成長過程開始談起。

其後的正文分為四大部分，第一部分「成為鐵木真」強調了蒙古境內的「神山」不兒罕合勒敦山在成為成吉思汗以前的鐵木真生命中的重要地位。蒙古人信仰長生天，不兒罕合勒敦山則是讓成吉思汗最接近天的地方。在自己的氏族和部落不願保護鐵木真時，不兒罕合勒敦山保護了他，從他母親訶額倫和老獵人札兒赤兀歹那兒，他學到尊敬這座山，並視它為世界中心與生命源頭。來自不兒罕合勒敦山的札兒赤兀歹更是鐵木真名義上和行為上的精神導師，幫他指出人生的正道，因此，成吉思汗要求之後世世代代的蒙古人都要崇拜不兒罕合勒敦山。

第二部分「成為成吉思汗」則討論鐵木真在統一蒙古諸部後登基為成吉思汗，建立大蒙古國後。反對派以其父好友蒙力克之子闊闊出·帖卜騰格理為核心集結起來，成為成吉思汗的最大對手。闊闊出是一名薩滿，他自稱能跟神靈感應，勢力漸強，並教唆成吉思汗對付有可能篡位的弟弟合撒兒與帖木格。後來成吉思汗聽從妻子孛兒帖之建議，除掉闊闊出。但是，此舉也開了一個血腥的先例，即蒙古可汗頭一次殺掉自稱權力高於國家或可汗的宗教領袖。

第三部分「成為世界征服者」討論的是成吉思汗在向外擴張的過程中遭遇到許多定居大國的賢者與宗教人士，例如兼通儒佛的耶律楚材、道教長春真人丘處機與佛教的海雲禪師等。他利用這些賢者與宗教人士來協助他所征服的定居社會，因為他們大多有管理收稅和編纂法典的經驗。成吉思汗應受佛教徒壓迫的西遼穆斯林之邀前往解救他們，則被作者視為他的首次宗教戰爭。在征服西遼後，他下令每個人都應遵守自己的宗教，遵行自己的宗教信條。這也被視為蒙古帝國首次將宗教自由的規定納入法律中。成吉思汗後來拿下花剌子模後，創立了一個全新的穆斯林行政人員集團，並派他們到中國協助管理他們剛征服的領土。他利用穆斯林的文書本事，但又利用不同教派、族群，讓他們相互牽制，以限制每個宗教的潛在影響力。但一二二一年，蒙古人兵敗八米俺（即巴米揚），成吉思汗在這場敗戰中失去了他的愛孫莫圖根，成為他人生的一個轉折點。成吉思汗尋求其他宗教，企圖找到能夠撫平人心的知識，並找到他尚未參透的奧秘。因此成吉思汗在阿富汗時，召見了長春真人丘處機，但是這次會面卻不盡人意。他認知到宗教人士在治理他的龐大帝國上功用有限——他們會一些有用的技能，但長於論道，拙於行動，因此用處不大。

第四部分「成為神」則提到成吉思汗與薩滿、教士、學者、佛僧、道人、毛拉（Mawla）多次晤談之後，認為其中某些人真心求善，但無人展現了對道德、生命意義或神之本質的充分認識，他們和他一樣都只是努力想了解世界的人。獨尊一教，貶抑他教，對其帝國是有害的。但是成吉思汗歸天後，蒙古帝國內部開始分裂，蒙古統治者也逐漸放棄宗教自由的政策方針。蒙哥汗為了征服南宋，必須爭取南宋周邊之佛教國家（如大理、吐蕃等）的支持，因此設計了一連串的佛道宗教辯論，而且偏袒佛教一方，以便崇佛抑道。後來旭烈兀西征，摧毀了阿剌木忒和報達（今巴格達），殺害哈里發和伊瑪目，則顯示成吉思汗的宗教寬容敕令已經不再得到尊重。直到成吉思汗過世後數百年，他的宗教自由想法才重獲十七世紀的法國學者關注。他的遺風在十八世紀北美洲影響最大，北美殖民地的反英份子爭取獨立時，試圖尋求歐洲經驗以外的模式來借鏡。最後蒙古模式的宗教自由透過成吉思汗的傳記在北美流傳，而影響了湯瑪斯・傑佛遜，並且成為美國憲法的基本精神。這也呼應了該書英文原版的副標題「世上最偉大的征服者如何給了我們宗教自由」。

該書的內容與作者先前出版的兩部著作有不少重疊的部分，特別是在於蒙古帝國崛起與衰微過程的描述。如果說第一本書《成吉思汗：近代世界的創造者》是綜論成吉思汗與其子孫所建立之蒙古帝國的興衰史與其歷史遺產，第二本書《成吉思汗的女兒》說的是成吉思汗所建立的蒙古帝國，在其子孫不成材的情況下，有賴於其女兒與兒媳等人才得以維繫，那麼該書說的就是成吉思汗所建立的蒙古帝國之所以衰微的原因，在於未能嚴守成吉思汗所立下的法典《大札撒》。然而這種以宗教為綱領貫穿蒙古帝國興衰史的寫作風格，是該書最大的特色，其對於成吉思汗所揭櫫的以法律保障宗教自由的做法影響後世美國革命先賢的發現，更是讓人大開眼界。

誠如魏澤福所言，成吉思汗允許其子民各自信仰其宗教，但是這不代表成吉思汗尊重所有的宗教儀軌與做法，而且他也曾發布禁令干涉這些信眾。例如該書作者曾提過成吉思汗反對以割喉、放血至死的方式宰殺動物，但是他沒有提到的是，成吉思汗曾經發布關於回回（包括穆斯林與猶太人）宰殺牲畜習慣的禁令。蒙古人傳統宰殺牲畜的做法是在牲畜胸部切開一道口子，伸手入胸腔掐斷心臟主動脈使牲畜斃命，而且讓血留在體內，以符合蒙古人不濺血於地的習慣。但穆斯林與猶太人實行清真（*halal*）或潔食（*kosher*）之法，宰殺牲畜時必須切斷牲畜的頸部動脈，將血放乾，而且在宰殺與食用過程中都必須祝禱。因此蒙古人宰殺的牲畜對回回人而言是不潔的，因而不願食用。根據《元典章》的記載，成吉思汗就曾經因為回回此舉否定了蒙古帝國的權威，故禁止回回以刀抹頸殺羊的作法，並且強迫他們食用依蒙古傳統宰殺的羊。這道禁令在窩闊台汗與忽必烈汗時期也都曾被重申。[89]

另外，雖然成吉思汗允許其子民各自信仰其宗教，但並非蒙古帝國境內所有的宗教都能得到大汗的承認，並享有豁免賦役的特權。美國賓州大學東亞系教授艾鶩德（Christopher P. Atwood）就表示在蒙古帝國境內允許自由信奉各種宗教的政策應該要與獲得國家認可並且得以豁免賦稅的政策分開討論。根據《元史》記載，往昔僅有五個宗教的神職人員獲得免稅特權：儒家、佛教、基督教、道教與伊斯蘭教。[90]然而考慮到一二三二年才是蒙古最早注意到儒家的時間，因此追溯到成吉思汗時期的獲得免稅特權的宗教應該有四個：佛教、基督教、道教與伊斯蘭教。這裡我們可以發現，猶太教是一個特例。猶太教的信仰從未被禁，但是猶太教士極少獲得免稅待遇或是得到國家的贊助。就我們所知，猶太教士一開始並未得到如同基督徒與穆斯林一般的免稅待遇，一二五一年蒙哥汗即位時再度確認了這項規定。直到一二九一年伊利汗國才給予猶太教徒免稅待遇，而要到一三三〇年元朝才確認猶太教為得以免稅的宗教。成吉思汗所尋求的是能夠給予其統治宗教「卡里斯瑪魅力」（Charisma）的特定聖人，而非關注宗教的懺悔或教條。免稅優遇僅僅給予個體而非整個宗教。艾騖德認為宗教寬容並非蒙古宗教政策支持與保護四大宗教背後的主要思想，儒家與猶太教一開始被排除於豁免賦稅的宗教行列之外就是例證，兩者都同樣難以與蒙古的政治哲學相符合。由於儒士並未將其習慣解釋為一種對上天或神的祈禱，因而未被成吉思汗視為神職人員；而猶太教則由於未指向一個現存的國家，因此缺乏上天的確認，即所有真正的宗教都被賦予之至高無上的權力。[91]

綜上所述，成吉思汗所給予其屬民的宗教自由與現代世界所謂的宗教自由的內容與實行上是否如此一致，其實還有值得探討的空間。不過該書從宗教信仰的視角來看待成吉思汗的崛起與蒙古帝國的興衰，以及對成吉思汗主張的宗教自由影響後世美國建國的主張也確實獨樹一幟。成吉思汗與蒙古帝國的歷史總能以各種不同形式，給予後世影響與啟發，我想這也是蒙古史之所以迷人的緣故吧。

本章曾見於〈導讀：成吉思汗的宗教自由政策及其歷史遺產〉，傑克・魏澤福（Jack Weatherford）著，黃中憲譯，《征服者與眾神：成吉思汗如何為蒙古帝國開創盛世》，臺北：時報文化出版公司，二〇一八年，頁二二至二九。

馬可波羅是否到過中國？

——評介《馬可波羅到過中國》

在世界史上，威尼斯商人馬可波羅（Marco Polo，一二五四至一三二四年）無疑是最偉大的旅行家之一，據稱他於一二七一年隨著父親尼可洛（Niccolò）及叔叔馬費奧（Maffeo），從威尼斯出發前往汗八里（Khanbaliq，即元代大都，今北京），並且服務於忽必烈汗廷，直到一二九五年才返回威尼斯。馬可波羅是否真的到過中國，一直是學界爭論的焦點問題。此疑問在過去由義大利學者巴德禮—波尼（G. Baldelli-Boni）與英國學者馬爾斯登爵士（Sir William Marsden）等早期編譯《馬可波羅行紀》的學者們於十九世紀初期提出。他們主張馬可波羅未曾到過中國，因為在其行紀中並未述及長城、茶葉與纏足等相關中國事物及文化。而德國中古史家于勒曼（Karl Dietrich Hüllmann）在一八二九年更主張馬可波羅未曾越過今日俄國喀山（Kazan）以南的地區。英國學者玉爾爵士（Sir Henry Yule）於一八六〇年再度提出這些質疑。英國學者吳芳思（Frances Wood）於一九九六年出版的《馬可波羅到過中國嗎？》（*Did Marco Polo Go to China?*），則是以上這些質疑的現代版化身。[92]

吳芳思的懷疑論調很快就受到許多中古歐洲史家與蒙古學家異口同聲的反駁，其中又以英國學者彼得·傑克生（Peter Jackson）的論文〈馬可波羅及其「行紀」〉，以及義大利學者羅依果（Igor de Rachewiltz）的長篇書評〈馬可波羅去過中國〉為代表。[93]英國獨立學者郝史第（Stephen G. Haw）在二〇〇六年出版的專書《馬可波羅之中國：一位在忽必烈汗國中的威尼斯人》中，基本上也認為《馬可波羅行紀》相當可信。[94]

除了歐美學者以外，中國歷史學者多半也反對吳芳思的說法。諸如楊志玖、蔡美彪、陳得芝、黃時鑒與黨寶海等學者都曾經從馬可波羅的旅行路線與年代以及行紀中，考察有關中國的記載，並認為馬可波羅的記述可信度很高。[95]近年來，獨立學者彭海更反駁了過去認為在漢文史料中缺乏關於馬可波羅事蹟的記載，認為《元史·脫脫傳》與《元史·

世祖本紀》中提及的內臣孛羅即為馬可波羅。[96]

傑克生將吳芳思反對馬可波羅到過中國的理由歸納為三點：首先，馬可波羅在其行紀中並未交代纏足、飲茶與長城等，任何外國人遊歷中國時會感到印象深刻的事物；其次，馬可波羅的名字從未在任何中文文獻中被提起；最後，馬可波羅自言曾參加過圍攻襄陽之役，而這明顯是他個人的自吹自擂。為了反駁吳芳思的說法，傑克生認為我們必須要先對《馬可波羅行紀》有正確的認識，才能做比較公允的評價。因此，他的文章主要處理以下幾點問題：（一）《馬可波羅行紀》是什麼？（二）其撰寫目的為何？（三）書中究竟說了什麼？（四）該書在何種程度上反映了馬可波羅的個人經歷？

首先，傑克生分析了《馬可波羅行紀》的作者與傳抄者，比較了巴黎版、托斯卡納版、道明會的托缽修士皮皮諾（Francesco Pipino of Bologna）的另一個拉丁語譯本，以及拉穆西奧（Giovanni Battista Ramusio）於十六世紀整理的版本，說明《馬可波羅行紀》並非出自馬可波羅本人之手，而是透過其牢友魯斯蒂謙（Rusticello）的記載反映出來的馬可波羅遊歷，因此我們不能對其敘述多加著墨，馬可波羅書中未提及的事物，也不無可能存在於其他已失傳的版本中。

至於馬可波羅是否真有其人，根據其他的歷史文獻記載，義大利修士達揆（Jacopo d'Acqui）曾述及馬可波羅於一二九六年在與熱那亞人的海戰中被俘後，曾表示他所說的尚不及他所見的一半。醫師及哲學家狄阿巴諾（Pietro di Abano，一二五七至一三一六年）也說自己曾見過馬可波羅。馬可波羅家族的相關文獻也保存至今。這些都是馬可波羅真有其人的證據。

有關《馬可波羅行紀》的撰寫目的，傑克生認為《馬可波羅行紀》是由一個傳奇冒險故事的職業作家所作，但是在後世傳抄與流通的過程中，賦予了該書不同的意義。該書事實上是一個關於世界各地的百科全書式研究，其內容並非嚴格按照時間先後順序組織而成的。

關於《馬可波羅行紀》究竟是個人觀察還是道聽途說的疑問，傑克生認為即便如曾經親歷蒙古汗廷的教皇使者柏朗嘉賓（John Plano of Carpini）等人，其遊記中亦不乏如「犬首人身國」等道聽途說的記錄。《馬可波羅行紀》也不例外，但行紀的作者確實試著把個人經驗與道聽途說進行區分。

至於馬可波羅究竟去過哪些地方，傑克生認為他除了去過雲南、汗八里等地，也確實去過印度。他特地強調了《馬可波羅行紀》中印度部分的重要性，因為正是在一二九〇年左右，馬可波羅結束了印度之旅回到汗八里後，由於陸路不安全，才決定改由海路護送元帝國的宗女闊闊真（Cocacin，蒙語拉丁拼音：Kökechin）前往位於今天中東地區的伊利汗國。

至於歐洲人於元代前往東亞的情況，傑克生提到在馬可波羅之前，一二六一年已經有富浪國人（即法蘭克人）訪問忽必烈汗的記錄，而馬可波羅是第一個前往東亞的義大利人。在馬可波羅之後，才有方濟會士孟高維諾（John of Montecorvino）於一三〇七年抵達汗八里，並且成為汗八里的第一任大主教；在他與威尼斯商人達魯卡隆戈（Pietro da Lucalongo）的通信中，也曾經透露後者為其買地建立教堂一事。因此馬可波羅的中國之旅是早於前述兩位歷史文獻所記載的義大利人。

針對馬可波羅未能提供許多中國人的生活細節這一點，傑克生認為，首先馬可波羅很可能將大部分時間都花在為忽必烈汗效勞，例如出使印度等，因此不一定長期待在中國某處。其次，馬可波羅身為色目人的身分，也可能使他減少了接觸漢人的更多機會。最後，馬可波羅聲稱自己通曉四種語言，但從他將丞相的名字「伯顏」誤解為「百眼」

可知，這其中可能不包括漢語。不過，他很可能通曉波斯語和突厥語，前者為當時歐亞大陸所通行的語言，這也反映在他以波斯語或是突厥語轉寫的地名與人名形態上。

馬可波羅護送闊闊真前往伊利汗國一事，一直被視為證實《馬可波羅行紀》真實性的有力證據之一。闊闊真一事見於波斯文與中文史料，前者為拉施特的《史集》，後者則為《永樂大典》（最早由楊志玖所發現）。但是，馬可波羅的名字卻不見於以上史料當中，這點構成了吳芳思不承認此一證據的主因之一，然而羅依果認為《馬可波羅行紀》精確記載了三個使臣的名字以及其中兩人死於途中一事。這點已經足以證明其敘述的真實性。至於馬可波羅之名未被記載之因，羅依果認為這只是說明馬可波羅並不像他聲稱的一般在使節團中有重要地位罷了。傑克生則進一步認為這與中國將外國商人視為貢使的傳統有關，但事實上商人在使節團中只是作為蒙古大汗之商業利益的官方代表，並不真正具有重要性，自然也就不會被記載在史料當中。

羅依果認為馬可波羅獲得蒙古大汗的令牌，也是曾經到過中國的重要的證明之一。令牌簡單來說就是聖旨，有了它，使者可以任意徵用他所需要的資源，各驛站也有義務提供使者膳食與馬匹。他同時也澄清馬可波羅一行人一共拿到了七個令牌，而非吳芳思所稱《馬可波羅行紀》中對牌子數目的記載有混亂的情況。根據羅依果的統計，這七面令牌分別是：一二六六年馬可波羅的父親與叔叔在第一趟旅程中從忽必烈汗手中拿到一面；一二九〇至一二九一年波羅一行三人從忽必烈汗手上拿到兩面；一二九三年三人從海合都汗手中拿到四面牌子。令牌的數量之所以重要，是因為吳芳思認為後來馬可波羅騙了馬費奧的錢而導致爭訟，其中令牌成為兩人爭奪的焦點。羅依果認為吳芳思誤讀了記載，因為原文並沒有提到任何欺騙的行為，純粹是馬可波羅賠償馬費奧在特拉布宗（Trebizond）經商的損失罷了。

很多學者認為馬可波羅沒有到過中國的證據之一，就是在中文史料中找不到馬可波羅的記載。不過值得注意的是，其實有很多色目人到過中國，也都沒有出現在中文史料中。例如前述的方濟會士孟高維諾，他的事跡也不見於中文史料。一般認為馬可波羅在忽必烈汗底下從事的是幕僚或顧問性質的非正式工作，並不在有品級的中國官僚系統之內，也因此不會出現在中文史料中。

至於《馬可波羅行紀》中沒有提到長城的問題，根據美國歷史學者林蔚（Arthur Waldron）的研究，在明代以前其實不存在長城，因此在《馬可波羅行紀》沒有留下相關記載就不成為問題了。

有關《馬可波羅行紀》的性質，傑克生作出了很中肯的分析：即該書是對一部對已知世界的描述，而非馬可波羅本人的回憶錄或旅行日志。在許多事情上，《馬可波羅行紀》提供了許多翔實的細節，以至於讓讀者很難相信在缺乏親身經歷者的口述下，魯斯蒂謙能夠編造出故事的情節。馬可波羅也許未曾遊遍中國，但是他似乎確實在中國與印度之間進行過海上探險。對於他們曾遊歷的地方，相關的記述多半是組織鬆散的。馬可波羅本人、其行紀的執筆者以及後世的傳抄者等人在對中國的描述以及馬可波羅的地位上，確實有誇大其詞的嫌疑，但是這並不能代表馬可波羅未曾到過中國，或是甚至未曾跨越如克里米亞的歐亞邊境。

然而，即便吳芳思的懷疑論調已經遭受到許多反駁，仍有現代學者從不同角度支持其看法。例如二〇一一年義大利學者彼得雷拉（Daniele Petrella）就從考古學角度出發，認為從日本考古發掘的船艦殘骸顯示，蒙古船艦應為三桅船。這與《馬可波羅行紀》中記載的五桅船明顯不同。因此他認為其記載有問題，並懷疑其中國之旅的真實性。[97]

近年來關於這個爭論，德國圖賓根大學漢學教授傅漢思（Hans Ulrich Vogel）則另關蹊徑，他從元代中國的貨幣、食鹽與稅收記錄等方面，進一步地提出支持馬可波羅曾經到過中國的證據。其成果就是二〇一二年新書《馬可波羅到過中國：貨幣、食鹽與稅收方面的新證據》（*Marco Polo* Was *in China: New Evidence from Currencies, Salts and Revenues*）。[98]在該書中，他將數種《馬可波羅行紀》版本中關於中國紙鈔、貝幣、鹽幣、鹽業與稅收制度的段落與其他記載相對比，發現馬可波羅的記載不僅在品質上都優於其他同時期的歐洲、波斯與阿拉伯旅行者——例如柏朗嘉賓（John Plano of Carpini）與伊本·白圖泰（Ibn Battuta）的相關記載，同時也與漢文史料記載完全一致。

《馬可波羅到過中國：貨幣、食鹽與稅收方面的新證據》全書共分為八章。首章為導論，說明全書的結構並進行文獻回顧。同時相當全面的整理了馬可波羅是否到過中國的正反意見。包括了《馬可波羅行紀》的作者、抄本流傳、該書的性質、風格與目的、其旅行記錄與數據、還有關於書中為何以波斯語形式記載中國地名、關於蒙古文化與漢文化的記載、忽必烈汗廷中的「拉丁人」身分、馬可波羅是否參加了襄陽之役以及受派到中國各地、任官揚州及回鄉之旅、波羅家族與漢文史料，以及忽必烈汗賞賜給波羅家族的金牌等爭議點，作者都做了很好的整理。

第二章的主題則是元代的紙鈔。作者將馬可波羅對元代紙鈔的描述及漢文記載與出土史料對照，認為他的記錄相當可靠。這包括他所提到的元代紙鈔設計共有十三種面額、顏色為黑色，尺寸大小隨面額不同而改變、紙鈔破損換新的手續費為原面額的百分之三，且可以用來作為繳稅與交易的媒介等。此外，作者認為馬可波羅沒有提到元代福建使用紙鈔一事並非巧合。元代紙幣的流通在當時確實存在著南少北多的不均衡情形，這肇因於中國南方仍有許多南宋銅錢流通，且蒙古人對新征服之南宋領地的統治不穩固，加上地方官員敷衍塞責推行不力，或是囤積紙鈔以待升值，另外紙幣本身品質不佳與數量不足，這些因素都導致了元代紙鈔在當時中國南方使用不廣的結果。

第三章討論的是在雲南與東南亞流通的貝幣。《馬可波羅行紀》中提及貝幣在雲南地區流通，且這些貝幣是從印度輸入的。這些記載對照漢文史料也都能夠得到印證。根據元代的材料說明，這些貝幣不只來自絲路南端，也來自廣西、貴州與四川等地，以及沿海的市舶司，如上海、杭州、泉州與廣州等地。其中位於南亞的馬爾地夫又是當時亞洲貝幣的主要產地。即便直到一三〇五年，元朝紙鈔被引入雲南後，貝幣仍持續流通。此外，貝幣不僅用於小額支付，在公家與私人交易上，面額較高的貝幣都用於支付巨額款項。馬可波羅更特別注意到雲南當地不同於元代其他行省，因為當地居民並不被強制使用紙鈔且允許金銀流通。另外在貝幣流通的區域上，《馬可波羅行紀》的記載與漢文史料也完全一致。目前除了《馬可波羅行紀》以外，並未發現任何非漢文史料曾提及雲南的貝幣。

第四章的主題為雲南與西藏的鹽業與鹽幣。吳芳思認為馬可波羅在描寫中國西南地區的鹽業時，將雲南產鹽誤認為四川自貢。但實際上雲南鹽業有很長久的歷史。其次自貢一直要到十八世紀晚期才成為重要的鹽業中心。雲南鹽業與四川不同在於，前者在技術上較為落後，且從業者多半為當地的少數民族。馬可波羅正確指出雲南製鹽的方法，是從鹽井中汲出鹵水後火煮而得，並且「鹽課」是當地財政的重要收入，以及鹽可作為雲南與西藏等地的流通貨幣。從成書於九世紀中葉的樊綽《雲南志》與元代的《雲南志略》等作品中可以得知，早在八世紀末至十二世紀中，鹽在中國西南就已經被當作貨幣使用了。而且元代雲南其實同時有數種貨幣流通，包括貝幣、鹽幣、金、銀與紙鈔。作者也發現馬可波羅所提到鹽幣的重量和價值，與西昌及中國其他地區的鹽價以及鹽幣的流通和功能，都不至於與漢文史料相差太遠。馬可波羅也是第一個提到元代雲南地區以鹽作為貨幣的歐洲人。

第五章討論長蘆與兩淮的食鹽生產、稅收與貿易。在這章中，作者認為馬可波羅評論淮河流域的鹽課為整個帝國帶來豐厚收入的說法並不誇張。因為根據作者的統計，在元代本地區的鹽課占了全國鹽課總額的三成以上。而馬可波羅沒有提及揚州鹽業的重要性，可能是因為直到元代統治中國南方的初期，該地仍未設立管理鹽業的部門。另外，關於馬可波羅是否曾在揚州任官的問題，作者認為我們無法否定這個可能性，但是他應該沒有擔任過鹽業的主管官員。因為馬可波羅如果曾經擔任過揚州鹽業的主管官員（例如兩淮鹽運使司），那麼他不可能會沒有認識到揚州鹽業的重要性而缺乏相關紀述。

第六章考察了杭州與其轄地的稅收，包括了「鹽課」與其他財政收入。作者延續了法國東方學家頗節（Guillaume Pauthier）於一百五十年前考察馬可波羅所述的杭州稅收之研究方向，並且提供了更為詳盡的研究。他根據元代於一三二八年以紙鈔給付的課稅收據來說明，有大約八成的稅收是來自鹽課。這也印證了元人曹監之言「天下賦入，鹽利逾半」的說法。另外有關馬可波羅所述，原本南宋的領土共分為九個王國一事，作者認為這裡的王國應指宋代的一級行政區——「路」。根據《元史》記載，一二七六年忽必烈汗所征服的南宋領地數目，包括了兩浙路（兩浙西路與兩浙東路）、福建路、江東西路（江南東路與江南西路）、湖南北路（荊湖北路與荊湖南路）與兩廣路（廣南東路與廣南西路）與四川。馬可波羅曾言將四川劃出南宋領地之外（可能是由於當時四川早已落入大元控制），因此可以得到九個路（王國）之數。而馬可波羅所給出的杭州鹽課收入數字，經過作者換算後，約等於當時金五十五萬四千兩百一十至八十一萬八千三百六十二兩，而對照漢文史料所統計出的數字，約為金四十六萬九千七百九十九至九十萬六千零四十兩（頁三七七）。因此馬可波羅提供的信息也在合理範圍內。至於馬可波羅如何取得這些財政數字與鹽政信息的問題，作者認為馬可波羅很可能是地方上的基層官員。由於元代地方行政採合議制，即便身為基層官員的馬可波羅也可能有機會能夠接觸到這些信息與數字。

第七章討論元代中國的行政地理區劃。在《馬可波羅行紀》關於揚州的段落中，馬可波羅提到當時共有管理十二個行省（*sajes*）的十二位男爵（baron）。作者認為這完全符合元代十一個「行中書省」加上「中書省」，因此有十二個「行省」的情況。另外關於馬可波羅提到忽必烈治下共有三十四個「大省（*provences*）的問題，作者也提出至少四種方式能夠得到合理的解釋。另外，作者也認為馬可波羅在觀察中國城市時更像是一名蒙古官員而非旅行者。例如在其敘述行政地理相關事務時，並不是根據各行省的行政區域組織，而是以城市為主來組織的。除了哈剌和林、大都與杭州等具有政治、歷史與行政重要性的城市以外，其餘的城市描寫都千篇一律或一筆帶過，但若是路或行省的首府時，他則會給予更多關注。

透過前述的種種分析與證據，作者在結論中認為通過比對《馬可波羅行紀》和元代文獻與出土文物，再綜合當代的歷史研究成果，可以看出《馬可波羅行紀》的記載基本上相當可靠。《馬可波羅行紀》不僅在元代鈔幣的記載上較其他歐洲、波斯與阿拉伯材料詳實以外，還是唯一記載了雲南與西藏貝幣、鹽幣與雲南鹽業的中世紀著作。如果說馬可波羅並未親自走訪這些地方，僅憑道聽塗說或抄襲而能取得這些精細的信息，確實很難讓人信服。因此作者認為馬可波羅確實是曾經到訪過中國的。

另外該書還附上了各種版本的《馬可波羅行紀》對於紙鈔、鹽幣等事物的記載，還有當時在威尼斯、波斯與中國的各種貨幣重量與比率。這些對其他研究者來說，也都是相當好的工具。

不過值得注意的是，雖然作者贊同馬可波羅到過中國的說法，但他對於其他支持者的論調仍然是保持著批判性且有選擇的認同。例如他對於彭海所謂《元史》記載了馬可波羅前往中國的詮釋就採取比較保守的態度。他認為彭海的論點相當大膽，仍然對其抱持懷疑

（頁八〇），而且彭海可能也誤讀了關於馬可波羅在揚州任官的記載（頁三六二）。

如果將反駁馬可波羅不曾前往中國的段落拿掉，該書便成了一部傑出的元代中國經貿金融史研究，而且修正了許多前人的說法與錯誤。例如作者修正了市丸智子在元代白銀、紙鈔與銅錢的相互關係之研究中的統計錯誤（頁一九七，注二〇四）。另外作者認為彭信威在《中國貨幣史》中認為元代鈔幣每年百分之五的報銷率估計過低，而大幅上修至百分之九十三（頁二一七）。作者認為亨利·玉爾（Henry Yule）對於威尼斯貨幣重量單位 *saggio* 重四點八克的估計過高，而下修至四點三克（頁二三七，注二三七）。另外他也批評了玉爾認為元代紙鈔一錠等於十兩銀的說法忽略了元代紙鈔兌換金銀的比率不僅不同，同時也忽略了兌換比率隨時間浮動的問題（頁三六八）。

最後針對該書校訂未盡之處作一補充。例如「個舊」應作「箇舊」（頁二四四）、「騰川」應為「騰衝」（頁二四八）、「賽典赤瞻思定」一般譯為「賽典赤瞻思丁」（頁二五一、二六二）、「釘」應作「錠」（頁一一二、二六三、四八八）、frustrum-shaped salt 應為 frustum-shaped salt（頁二八六）、*toman* 為突厥語和蒙語同源詞 *tümän*，書中誤作 *tüman*（頁三六八）。

簡言之，誠然如吳芳思等學者所言，《馬可波羅行紀》中存在著一些問題，但其中所載的中國相關記錄大致準確。如果說馬可波羅並未親自走訪這些地方，僅憑道聽塗說而取得這些精細的訊息，確實很難讓人信服，目前西方學界主要還是認為馬可波羅確實是曾經到訪過中國的。這個爭論，未來隨著更多考古與文獻材料的發掘，勢必還會出現更多的討論。身為一個研究者，筆者也期待透過這些討論，有助於我們對於馬可波羅以及他所遊歷的元代中國有更為深廣的認識。

本章曾見於〈馬可・波羅是否真的到過中國，還需要爭論嗎？〉，《澎湃新聞・私家歷史》，二〇一四年十二月十六日，https://www.thepaper.cn/newsDetail_forward_1285753，二〇一九年二月二十五日；〈評 Hans Ulrich Vogel, *Marco Polo Was in China: New Evidence from Currencies, Salts and Revenues*〉，《歷史人類學學刊》第十三卷第一期（二〇一五年四月），第一三五至一三九頁。

世界史上的蒙古時代及歷史遺產

——導讀《蒙古帝國的漫長遺緒》繁體中文版

蒙古帝國是有史以來疆域最廣大的陸上帝國，一般習慣將一二〇六年成吉思汗建立大蒙古國視為蒙古世界帝國成立的時間點。然而蒙古帝國如何看待其打造的歐亞世界及其歷史？蒙古帝國何時滅亡？其後繼者為何？蒙古帝國留給後世的歷史遺產為何？這些問題隨著回答者的不同立場與認知，其答案也會有所差別。如今杉山正明在其《蒙古帝國的漫長遺緒》（《モンゴル帝国と長いその後》）一書中，針對這些問題給出了他個人的答案，相當值得我們深思。

該書收錄於講談社為了百年社慶所發行的「興亡的世界史」叢書中的第九卷，日文初版發行於二〇〇八年二月，後來於二〇一六年四月發行文庫版。如今由八旗文化出版社發行繁體中文版，譯者為陳心慧。感謝他們的辛勞付出，該書才得以和中文讀者見面。

該書作者杉山正明是日本著名的蒙古帝國史專家，現任京都大學大學院文學研究科榮譽教授。過去已經有許多杉山正明的作品被引介入中文世界，包括了《遊牧民的世界史》、《忽必烈的挑戰》、《顛覆世界史的蒙古》、《疾馳草原的征服者：遼、西夏、金、元》與《蒙古帝國的興亡》等，相信中文讀者對他的作品並不陌生。那該書與其他作品相較之下，有什麼特色呢？我想關鍵就如書名所言，該書除了著重於蒙古帝國以外，還關注蒙古帝國崩解之後的歐亞世界新面貌。

該書序章以一九二〇年中亞布哈拉汗國與希瓦汗國的消滅破題，指出過去蒙古帝國即便崩潰，其殘影直到上個世紀才消失，以顛覆一般大眾的認知。而且在那段時期前後大清帝國、俄羅斯帝國、奧斯曼帝國、德意志帝國與哈布斯堡帝國都相繼崩潰，然而這些大帝國實際上都與蒙古帝國有著或深或淺的關係。文中也批評當今以歐美為中心所描繪的世界史，將起點訂於十五世紀末西歐進入海洋開始，是一種「海洋觀點」。然而十三至十四世紀的蒙古帝國統合了歐亞大陸，開啟了新的世界史。從蒙古帝國出發的世界史「陸地理論」也許更適合將過去的世界史統合起來，作者將此稱之為「歐亞世界史」或「歐亞非世界史」。在這種架構中，世界史以蒙古帝國為分界點，可以分為「蒙古時代」以及「後蒙古時代」。作者希望透過這種對歷史認知的重構，能夠創造出人類共有的歷史樣貌，有助於面對未來的挑戰。

由於歐亞大陸作為人類歷史的重要舞台，作者著重介紹了亞洲（Asia）與歐洲（Europe）兩詞源自於亞述語，分指日出（*asu*）與日落（*ereb*）之地，後來傳到希臘才成為亞洲與歐洲的定稱。近代以來歐洲成了文明的代表，而亞洲則成為負面事物的代表，而歐亞一詞則是歐洲與亞洲的合稱，主要為二十世紀初的地緣政治學者使用。其中麥金德（Halford John Mackinder）提出了陸權論，主張誰能控制歐亞大陸的心臟地帶，誰就能取得世界霸權。而以俄羅斯為首的北方國家，則繼承了蒙古帝國的遺產。這個論調也為後來的冷戰立下了基礎，並且在冷戰之後仍舊存在，例如茲比格涅夫．布里辛斯基（Zbigniew Brzezi ski）所主張的歐亞地政學。而遊牧民作為推動歐亞大陸歷史演進的動力，其歷史在過去一直被忽略。從斯基泰萌芽，由匈奴建立基本架構的軍事聯合體，最終到蒙古帝國的歐亞一體化，必須說世界史存在著這些歐亞國家綿延不絕的傳統。

建立起世界帝國的蒙古人，其眼中的世界史又是甚麼面貌？杉山正明舉伊利汗國合贊汗在位時期由拉施特所編纂的《史集．突厥蒙古諸部族志》中的突厥烏古斯可汗傳說所顯示的「二十四長政體」與過去的匈奴和後來蒙古帝國的政治結構有著驚人的相似，可以說是以遊牧民為中心的歐亞世界史。而在蒙古時代所繪製的《混一疆理歷代國都之圖》與《加泰隆尼亞地圖》則分別從歐亞的東西兩端，描繪出類似的世界樣貌。作者認為過去的歷史學界過度推崇了大航海時代的重要性，忽略了蒙古時代所取得的世界地理認識，有必要修正這樣的認知。

成吉思汗被認為是蒙古帝國的奠基者。在「蒙古」這張大傘下，包括了突厥系民族、漢人、唐兀（即党項）、女真以及中東的穆斯林與俄羅斯與東歐的基督徒在內，是個極具包容性的國家。他所建立的蒙古帝國也由其後代所繼承，是個由大汗兀魯思與其他黃金家族成員的兀魯思所構成的多元複合體。成吉思汗也因此被波斯史家志費尼被稱為「開啟世界之人」。

關於朮赤西征俄羅斯與東歐，杉山正明也指出過去關於成吉思汗與其長子朮赤之間有不和以及死亡的悲劇說法都是後人的想像。而西征的主要目標也不在於征服俄羅斯與東歐，而是為了控制欽察草原的突厥遊牧勢力。而後來一二四一年的萊格尼察戰役中蒙古軍隊殘殺波蘭與條頓騎士團聯軍一事，也被作者認為是西方學者誇大東歐聯軍死傷的結果。而所謂的蒙古金帳汗國統治俄羅斯時，在歷史上視為「韃靼桎梏」的時代一事，作者也予以批判，認為正是在蒙古的扶持下，莫斯科公國的亞歷山大．涅夫斯基才得以崛起，後來更繼承了金帳汗國的遺產。

旭烈兀西征伊朗與中東並建立起伊利汗國一事，杉山正明也認為是一個偶然的結果。而蒙古之所以能夠順利擊敗伊斯瑪儀教團與阿拔斯王朝，則要歸功於蒙古完善的事前準備與情報搜集，以及蒙古軍隊使人聞風喪膽的威名。作者更將蒙古西征的成功與後來美國攻打伊拉克相比較，認為美國的失敗之處正是在於對於伊拉克的了解太少，以及沒有尊重部族社會的傳統，實行間接統治。蒙古統治留給中東的遺產則在於將突厥蒙古式的軍事權力與體系引入中東，另外也確立了後來由軍事、財政與宗教組織三者為國家支柱的統治形式。在建築上也留下了影響，例如偏好藍色與壯麗的帝都建築等。

至於當時的歐洲則正是組織十字軍試圖收復耶路撒冷的時期，面對強大的伊斯蘭異教徒敵人，歐洲人聽說在遙遠的東方有一群強大的蒙古人，不知道它們是敵是友。

一二四八年由蒙古大將燕只吉台所遣送的聶斯托里派基督徒使者前往歐洲，面見當時滯留於賽普勒斯的法王路易九世，法王路易九世希望能夠與蒙古人建立同盟，如此一來便可以從東西雙方夾擊穆斯林。然而由於貴由汗的過世，因此路易九世念茲在茲的同盟也未能締結，他本人最終也於一二五〇年被埃及大軍擊敗被俘。後來到了忽必烈汗時期，則有出身汪古部的拉班．掃馬（Rabban Bar Sauma，一二二〇至一二九四年）與馬克（Rabban Marcos，一二四五至一三一七年）兩人獲得忽必烈的令牌，從大都（今北京）前往耶路撒冷朝聖，後來在伊利汗國停留時，掃馬又被阿魯渾汗委派前往歐洲尋求與基督教國家締結同盟，並且在羅馬與巴黎受到熱烈歡迎，順利完成出使任務。作者認為掃馬的遊記成了從東方亞洲與蒙古的視角所留下的歐洲見聞錄，也是當時東西交流高峰的見證。

杉山正明認為十四世紀後半的後蒙古時代，雖然在海上出現了由歐洲國家主導的大航海時代，但是歐亞大陸上的其他主要國家都是由蒙古公主的駙馬爺所統治的，蒙古帝國的影響力並未完全消退，崛起自察合台汗國西部的帖木兒帝國就是一個典型。帖木兒本身是一個突厥化的蒙古巴魯剌思部人，他靠著擁立具有成吉思汗家族血統的昔兀兒海迷失為傀儡大汗，又迎娶察合台家族的公主為妻，因此以駙馬的身分君臨中亞。而後來由帖木兒的後裔巴布爾在印度北部所建立的莫臥兒帝國，也可以被視為帖木兒帝國的延續。後來的首位俄羅斯沙皇伊凡四世，以併吞金帳汗國的後繼者喀山與阿斯特拉罕汗國，開啟未來俄羅斯帝國成為歐亞大帝國的序幕著稱。但是他的母親與第二位妻子都有朮赤家族的血統，可以說伊凡四世本身不僅有一半的蒙古血統，同時也是蒙古黃金家族的女婿。而後來清朝的滿洲統治者皇太極也是在擊敗了蒙古察哈爾部的林丹汗後，取得了大元帝國的「傳國玉璽」，因此改國號為大清稱帝，成為大元帝國的繼承人，而且又娶了科爾沁蒙古貴族的女兒，某種程度上成為了蒙古貴族的駙馬。可以說，當時在歐亞大陸上的主要政權或多或少都繼承了蒙古帝國的統治正當性，統治者也有蒙古駙馬的身分。

杉山正明在終章以阿富汗杜蘭尼王朝作為最後的遊牧帝國，說明作為文明十字路口的阿富汗，即便到了十八世紀後半葉，仍舊是一個強大且有組織的遊牧民國家。即便外界已經進入了海洋時代，但是它的歷史發展和過去的歐亞遊牧民國家並沒有太大的差異。進入二十世紀以來，阿富汗先後受到英國、蘇聯與美國的入侵，呈現動亂不穩的情況，但是長久以來阿富汗內部的民族文化多樣性與部族政治的遊牧民國家特徵，並沒有因為西方文明的入侵而消逝，例如蒙古時代的政治議事制度，仍舊以「支爾格」（*jirga*）的形式存在於今日的阿富汗。可以說蒙古帝國在歐亞大陸的影響仍舊延續至今。從長期來看，俄羅斯與中國作為廣土眾民的帝國，也是蒙古的遺產。

該書倡議從歐亞遊牧民的視角來看待世界歷史的演進過程，以及說明蒙古在世界各地的征服與影響。書中關於法王路易九世所領導的十字軍與蒙古之間的關係在過去的中文作者裡面較少談及。而且臺灣坊間一般的書籍在談到蒙古時代的東西交流，多半著重在柏朗嘉賓、魯不魯乞與馬可波羅身上，偶爾提及伊本．白圖泰，而這些多半是從西方向東方旅行的人物。該書將拉班．掃馬出使歐洲的旅行作為重點，而且強調了他的行紀提供了一種亞洲與蒙古看待歐洲的觀點，這種設計可見作者的用心。而作者提出後蒙古時代在蒙古駙馬統治下的歐亞則旨在強調成吉思家族血統與後世政治權威的關係。以上這些都是該書的特點。

關於杉山正明主張後蒙古時代的特徵為這些後繼國家多半由蒙古駙馬統治，美國北喬治亞大學歷史、人類學與哲學系教授梅天穆（Timothy May）則從一個更長久的視角來探討這些駙馬的出身與階層，並認為一二六〇年蒙古帝國分裂為四大汗國後，除了大元以外，哈剌出（*qarachu*，此處指不屬於成吉思家族的異姓蒙古貴族）階層逐漸在各個蒙古汗國中取得了優勢，並握有廢立可汗的大權。除了先前提到察合台汗國內部的帖木兒以外，另外在伊利汗國後期的斡亦剌惕貴族捏兀魯思、金帳汗國後期的諾蓋貴族馬麥、北元的瓦剌貴族也先，還有莫斯科大公國的伊凡四世都可以歸入這個範疇。[99]所以作者所指出的這個情形實際可以追溯到四大汗國時期。

該書提出的世界史架構也可以促使我們思考臺灣何時納入世界史的問題。杉山正明認為鄭和下西洋在海峽兩岸被過高評價，由於未見他提及作此判斷的理由，所以不得而知。不過如果從作者在書中所提到的世界史之海洋視角來看，臺灣被納入世界史範疇可以追溯到十七世紀初期荷蘭與西班牙治台的時代。不過如果我們以該書所提出的蒙古時代與後蒙古時代來作為世界史分期標準的話，其實臺灣在蒙古時代也許就已經進入以蒙古為主的世界體系。例如元代汪大淵的《島夷志略》中所記錄的琉球，可能指的就是臺灣。[100]據稱當地人使用產自浙江處州的磁器，可能已經與元代中國沿海有過貿易來往。[101]但是正如杉山正明所言，蒙古時代的地理知識後來並未完全流傳到後世，也許這樣的連結並未能延續到後蒙古時期。但是如果我們引申作者的觀點，重新檢視臺灣在世界史上作為海洋與亞洲大陸之間的連結，除了海洋觀點以外，也可以兼容來自內亞的陸上觀點，對臺灣的歷史詮釋保持開放態度，也許可以讓今日的臺灣人用一種更包容的心態來面對世界。這也可以說是該書對今日臺灣讀者的啟發與意義。

本章曾見於〈導讀：世界史上的蒙古時代及其遺產〉，收入杉山正明著，陳心慧譯：《蒙古帝國的漫長遺緒：後蒙古時代與世界史的重新構圖》（新北：八旗文化，二〇一九年）。

滿洲人建立的大清帝國，承襲蒙古時代以降的「內亞傳統」，以少數的征服民族之姿，遂行對廣大漢人的統治；滿洲統治者如何維持身分認同且避免被「漢化」，是「新清史」學派持續關注的重要問題。

西元十六世紀清代初期，康熙皇帝將滿洲人的騎射、狩獵傳統奉為「滿洲之道」並以此訓誡子孫。清代中期的乾隆皇帝沿襲祖制，定時前往位於承德的木蘭圍場狩獵，以此強化滿洲族群的身分認同及統治合法性。

上圖為清代宮廷畫師郎世寧繪製於一七四九年的《乾隆皇帝圍獵聚餐圖》，描繪乾隆皇帝狩獵完畢，與隨從一行分食獵物的場景，表現滿洲統治者的狩獵傳統及尚武精神，現藏於中國北京故宮博物院。

III

後蒙古時代的明清帝國

從小中國到大中國的明清史再思考

——評介《紫禁城的榮光》

一四〇六年由明朝永樂皇帝始建，並經清朝的滿洲統治者保存與擴大的紫禁城，大概是最廣為人知的中國歷史建築之一，也是反映中國多民族文化的歷史結晶；其規模之大與富麗堂皇，更被外國人視為傳統帝制中國歷史的載體。如今它則是作為故宮博物院向廣大人民群眾開放。二〇一七年十一月初，美國川普總統伉儷訪問中國，中國政府便安排他們一行人與習近平主席伉儷一同遊覽了故宮博物院。而稍早於二〇一七年五月由社科文獻出版社甲骨文工作室所出版的《紫禁城的榮光：明清全史》（《紫禁城の栄光─明・清全史》）一書，正是以紫禁城為主軸來敘述明清中國史發展的通論著作。[102]

該書日文原版最初由文藝春秋出版社於一九六八年刊行，是「大世界史」叢書的第十一卷。原先在版權頁上僅載明作者為神田信夫教授，但實際上在結語中已說明該書實為神田信夫與松村潤、岡田英弘三位教授合著的成果，後來於二〇〇六年作為學術文庫之一冊，由講談社修訂後再版，並且恢復了三人合著的形式。三位作者曾於一九五七年以《滿文老檔》研究而一同獲得日本學士院獎，可說在明清史研究領域中，三位都是學有專精的博學碩彥。如今透過中央民族大學歷史文化學院博士生王帥的譯介，這本優秀的日文明清史讀物才得以和廣大中文讀者見面。

在簡介該書以前首先要說明的是，該書中使用的日文詞語「支那」其實指的是歷史上長城以南或是山海關內，以漢人為主要人口的區域，清代一般稱為內地，約略等於英文的 China proper（一般譯為中國本部或中華本土），但是不代表其他地區不屬於中國。從書中的附圖「構成中國的五個區域」就可以看出來，「支那」、滿洲、蒙古、西藏與新疆其實都被視為構成中國的區域名稱。而且該書在敘述上也沒有將蒙古、西藏史當作獨立的民族史或地方史，而是整合在一個共同脈絡下加以闡述。雖然自二十世紀初以來，伴隨著日軍侵華，「支那」一詞也染上了貶義與歧視的色彩，但是「支那」一詞在該書中必須從日本東洋史的學術脈絡來理解，而不是帝國主者為了分裂中國所設想的學術陰謀。

該書共分為十六章。書中首先介紹了所謂中國與「支那」的概念，並且就「支那」內部的華南及華北的差異，以及蒙古草原的生態、長城的防禦意義、北京作為邊境城市與西伯利亞商路終點的重要地位等課題進行闡述。該書主張今日中國作為多民族統一國家的原型早在元代就已經形成。明代原先打算重建大元霸業，也試圖控制內亞草原，但最終未能實現此願望。因此現代中國的概念實際上要等到大清帝國建立之後才真正成形，也因此該書主旨就是在說明這個由「支那」到中國的過程。

書中提到了明太祖朱元璋登基後為了完成中央集權而發起的「胡惟庸案」，以及誅殺功臣集團與紅巾軍舊部的過程。但是到了晚期的「藍玉案」時，背後實際上有來自新官僚集團與諸王的壓力，事態已經脫離朱元璋的掌控。這種清洗舊部的做法也削弱了明軍的團結與戰力，以至於後來明太祖朱元璋過世後，建文帝與燕王朱棣鬥爭時，朱棣能夠以少數精銳部隊成功發起政變。朱棣即位後，就開始著手在北京修建新的宮殿，完成後便將首都從南京遷到北京。此舉有兩種考量：一是北京原本就是他的封地，遠離建文帝勢力範圍內的南京；二是建都北京易於防禦北元的入侵。整體而言，北京不僅是最適合控御滿洲、蒙古與內地的政治樞紐，同時也是當時東亞最重要的國際都市，商業與文化都得到高度發展。

該書的一大特色是重視明清時期的蒙古、西藏、突厥斯坦、臺灣、琉球、日本與朝鮮等地區發展。北元在退回蒙古本部以後，仍舊是一股不容忽視的勢力，並對大明的合法性與安全持續造成威脅。該書特別注意一三六八年後，蒙古內部的政治發展，一般的歷史書籍都將一三六八年明軍攻占大都（北京）視為元朝滅亡的時間，但該書認為實際上要到一三八八年元帝脫古思帖木兒被明軍擊敗，在逃亡過程中遭也速迭兒所弒，才算是元朝的滅亡，但大元的傳統並未在漠北斷絕。該書將一三八八年以後的蒙古史分為三個時期：（一）是從一三八八至一四五四年，可以稱為瓦剌時代，以其首領也先在「土木堡之役」中俘虜明英宗朱祁鎮為最高峰；（二）是達延汗（一四六四至一五二四年）重振北元正統皇權的時代，這個時期一直到一六三四年北元末代皇帝林丹汗敗於滿洲人之手為止，在這段時期，蒙古與西藏透過藏傳佛教的傳播建立緊密的連結；（三）是從蒙古瓦剌部發展出來的準噶爾帝國與大清對峙的時期，直到十八世紀中葉被大清擊敗為止。

該書也著重明清時代的東亞海域歷史。當時朝鮮、日本與琉球和大明建立起朝貢關係是重要的國際事件，特別是足利義滿為了與大明開展貿易而接受永樂皇帝賜予的日本國王封號。京都女子大學教授檀上寬在其《永樂帝》一書中甚至認為永樂帝不費一兵一卒就讓日本回到朝貢體系當中，其功業可說遠邁其父洪武帝與元世祖。[103] 明代中葉，倭寇成為東南沿海的重要問題，直到十六世紀六〇年代以後，大明才以武力進剿與開放海禁，雙管齊下地解決此問題。後來於一五九二年爆發的朝鮮之役則耗損了大明與朝鮮的國力，而使得位處滿洲南部的建州女真得以發展成未來的霸權。此時大明宮廷苦於東林黨與閹黨之間的政治鬥爭，加上為了與女真作戰而加徵的遼餉、剿餉與練餉等土地附加稅，造成人民生活困窘，各地流寇四起。大明最終也於一六四四年亡於流寇李自成之手。

建州女真在努爾哈赤的領導下崛起於十六世紀末，一六一六年建立金國，史稱「後金」，並在一六一九年的薩爾滸之戰中以寡擊眾、大敗明軍。一六二六年，努爾哈赤病逝，其子皇太極繼位，克紹箕裘，分別降服了朝鮮與察哈爾蒙古，取得了大元的傳國玉璽。因此於一六三六年改族名為滿洲，定國號為大清，但他於大明滅亡前一年病逝。其弟睿親王多爾袞輔佐年僅六歲的順治皇帝，和大明山海關守將吳三桂合作，入關掃除了流寇，並且消滅了南明的殘餘勢力，初步確立滿洲在關內的統治。之後的康熙皇帝在南方平定了漢人降將吳三桂等人發起的三藩之亂，蕩平了臺灣的鄭氏政權，在內亞地區則遏止了沙俄在滿洲與蒙古北部的擴張，簽訂了《尼布楚條約》（一六八九年）。康熙皇帝還擊敗準噶爾部噶爾丹博碩克圖汗的入侵，位於外蒙的喀爾喀蒙古也因此歸附大清，並且於一七二〇年遠征拉薩，將準噶爾勢力驅逐出西藏。

該書對雍正皇帝則輕描淡寫，主要強調在他治下剝奪了功臣與諸王的實權，從而強化皇權。雍正將一部分「火耗」作為官員的養廉銀、剩下的上繳國庫之舉，一方面增加了可由皇帝支配的經費，另一方面又能斷絕京官進行黨爭的財源。雍正設立軍機處之舉又加強了中央集權，同時大興文字獄控制言論。該書談到乾隆皇帝時，則是強調其十全武功與大清疆域的擴大，使其成為統治滿、漢、蒙、藏、回五族的「大中華帝國皇帝」。他的豪奢性格與龐大財力也使得他能對藝術與學術加大資助，以揚州為中心的長江下游地區則在經濟與文化上得到長足發展。然而他晚年寵信和珅，導致官場腐敗，加上龐大的人口壓力和有限耕地，導致農村經濟衰敗和秘密宗教興盛。最後到了嘉慶年間

（一七九六至一八二〇年），爆發了白蓮教與天理教之亂，甚至連紫禁城都被亂黨侵入，紫禁城的榮光逐漸黯淡消逝。

如果我們將該書與近期出版的同類書相比較，可以更加凸顯該書的特色。譬如於二〇〇五年出版的日本立教大學教授上田信的《海與帝國：明清時代》，雖然是在該書出版後三十餘年才面世的新作，但是明顯能看出兩本書的著重點有所不同。[104] 上田信的後出之作明顯受到近年來全球史與環境史的影響，立基於銀錢並用的雙重經濟架構，從物的流通和海洋貿易史的角度，討論明清帝國在東部歐亞與近代世界體系中的地位，但是對於明清時期的主要政治經濟事件與明清帝國在內陸歐亞的擴張則相對著墨較少。因此這兩本書正好有互補之處。

或許有些讀者注意到，《紫禁城的榮光》所講述的歷史過程分別以前後兩起白蓮教動亂作為標誌性事件：以元末白蓮教亂始，而以清中葉白蓮教與天理教亂終。雖然不清楚這樣的安排是不是作者用心良苦，因為該書中沒有特別提到於明末由白蓮教徒徐鴻儒所領導的山東民變。但就元明清三代都苦於白蓮教這點看來，至少是個有意思的巧合。白蓮教在中國歷史上被視為邪教、秘密宗教或民間宗教的源頭或總稱。楊訥早期的《元代白蓮教資料匯編》與《元代白蓮教研究》都很值得參考，後者是篇幅短小的入門讀物。[105] 另外值得介紹的是，牛津大學教授田海（Barend ter Haar）於一九九二年出版的《中國歷史上的白蓮教》一書的簡體中譯版也已於二〇一七年十一月出版；[106] 該書挑戰了過去學界對元末白蓮教的理解，認為元末紅巾軍韓山童等人的宗教思想與白蓮教傳統並無聯繫，而白蓮教被視為一個整體而且帶有負面形象的情況，則是自明代中葉以降逐漸發展起來的複雜結果。該書也很值得參考。

《紫禁城的榮光》中提到清代天理教亂時，表示滿清宗室昭槤的《嘯亭雜錄》詳細記錄了這次事件的經過，但是要注意的是昭槤的描述與天理教徒的口供實際上有所出入。[107] 美國學界對清代白蓮教亂的研究當以普林斯頓大學歷史系榮退教授韓書瑞（Susan Naquin）於一九七六年出版的《千年末世之亂：一八一三年八卦教起義》[108] 以及一九八一年出版的《山東叛亂：一七七四年王倫起義》[109] 兩本書為代表。近年來的新研究則著重於探討天理教對後來大清在政治、學術與社會層面的影響。例如中國人民大學歷史學院副教授張瑞龍的《天理教事件與清中葉的政治、學術與社會》，透過探討天理教徒攻進紫禁城對清廷和官員所造成的巨大衝擊，認為此事件在政治上則造成了嘉慶皇帝對吏治的整頓；在社會上則大力鏟除「邪教」，以強化對基層社會的控制；在學術上則引起了士人議政的新風尚以及對乾嘉考據學的反省，後來導致了漢宋調和及今文經學的興起，強調學問的致用性等等。[110]

《紫禁城的榮光》的譯文流暢易讀，並且添加了許多的譯注。在這點上，譯者和責編居功厥偉。這裡僅就內文部分編校未盡之處作一補充說明。第一六一頁提到發現永寧寺碑並將其公之於眾的俄國人別爾米金即為 G. M. Permikin。[111] 第二一六頁提到的察哈爾部的布魯尼與第二四一頁的察哈爾親王布爾尼實為同一人，一般以後者的譯法為主。第二四六頁將康熙皇帝的長子胤礽的太子妃誤植權臣索額圖之女，實際上應為石文炳之女。第二五四頁提到喀爾喀部的朝克圖琿台吉，一般譯為綽克圖；原譯文提及他是藏傳佛教噶瑪派的信徒，此處有漏字，應作噶瑪噶舉派，或簡稱噶舉派。第三一一頁提及法國傳教士蔣友仁之法文原名時，誤將其姓與名倒置，應作 Michel Benoist。

總體來說，該書是一部優秀的明清史入門作品，對明清時期的中國與周邊地區與國家的重要事件與彼此間的關聯做了深入淺出的介紹，並且展現了明清帝國從小中國到大中國的演變史。該書適合作為高中通史教材與大眾歷史讀物，若能搭配上田信的《海與帝國：明清時代》閱讀，不僅能對歷史學界的較新研究成果有所認識，也更能掌握明清帝國的歷史全貌。

本章曾見於〈明清帝國史：一部從小中國到大中國的演變史〉，《澎湃新聞．上海書評》二〇一八年一月二十五日，http://www.thepaper.cn/newsDetail_forward_1962509（二〇一八年九月一日）。

作為清帝國建構制高點的承德

——評介《新清帝國史》

近年來，美國學界以「新清史」這個術語指稱自一九九〇年以來，學者對滿洲帝國在中國與內陸亞洲之歷史的一種廣泛修正。這可被稱為「中國研究的族群轉向」。首先，長期以來的「漢化假定」遭到了質疑；在人類學觀點的運用下，學者重新檢視滿洲、蒙古、回、苗與其他民族在歷史脈絡下的身分認同。其次，「漢人自我中心」的概念受到重新檢視；中國在歷史上被視為一脈相承且從未改變的一般看法也受到了質疑，例如朝貢制度被視為傳統中國對外關係的一般模型，但是從大清對待鄰國的方式包括了政治婚姻、宗教贊助、商業、外交與戰爭等取向來看，都與朝貢制度或「漢人自我中心主義」無關。

在此一背景下，《新清帝國史：清朝在承德所建立的內陸亞洲帝國》（*New Qing Imperial History: The Making of Inner Asian Empire at Qing Chengde*）[112] 聚焦於大清與內陸亞洲之間的關係及其政治與文化基礎。大清既是一個內陸亞洲式的帝國，也是一個中華式的帝國。此一雙重性格透過檢視承德的發展歷程，可以略窺一二。由於承德位處中國北方邊疆，基於戰略考慮，滿洲統治者在實際上與象徵上將其作為協調中國、俄國與內陸亞洲三者關係的指揮中心。自一七〇三年起，康熙皇帝開始在承德興建避暑山莊。一七〇三至一七九〇年間，承德的景觀（landscape）逐漸改變，滿洲統治者借此反映與頌揚大清帝國在中亞與內陸亞洲的擴張。避暑山莊與外八廟整合了中國、西藏與中亞的關鍵文化遺跡。承德的一切都證明清朝化解了農業中國與遊牧內陸亞洲的衝突。

一七〇八年，康熙皇帝正式將承德的夏宮命名為避暑山莊，精心設計的自然環境是這座山莊的主要吸引力所在。康熙與乾隆皇帝在避暑山莊外圍各營造了三十六景，並且留下刻石與詩詞以志之。避暑山莊除了有中國內地的景色外，也有其他表示蒙古、中亞與西藏等外部邊疆的景色。透過重建從西藏到江南的著名景點，避暑山莊成為滿洲帝國的縮影。

透過對不同歐亞政體的比較，可以發現類似的歷史過程：中國的承德和法國的凡爾賽兩座都市都是建立於強而有力的君王，並透過積聚文化資源以進行中央集權。而法王路易十四、印度莫臥兒帝國的阿克巴大帝與大清的乾隆皇帝，三者同樣從都市中心遷移到鄉間建立新「首都」，且這三個專制君王皆意圖借此展示其君權並鞏固之。

然而，自一八二〇年嘉慶皇帝駕崩後，新的地緣政治挑戰使得大清忽略了承德。時至今日，經過文化大革命的蹂躪後，承德被復振為大眾旅遊景點並作為一個以「帝國」為主題的遊樂園，服務於新中國多民族與多文化政體的國家遠景。從君主專制到共產政權，承德豐富的自然與人文景觀在不同的時代被賦予了不同的意義。

就架構而言，該書集結了十一篇論文及六篇與承德相關之史料的英譯，共分為五部分：第一部分「作為內陸亞洲首都的承德」，提供了與該書相關之清代歷史背景的簡介；第二部分「帝國的儀式」則檢視承德與相關的「木蘭獵場」如何以帝國首都的形式運作。第三部分「皇帝的多重面孔」，則是研究乾隆皇帝在多樣化的媒介與文化模式中的表現。

同時使用不同帝國成員的語言是大一統皇帝的表現。第四部分「來自承德的聲音」，則集結了與承德相關的御製詩文、西方傳教士書信、班禪朝見乾隆皇帝的藏人記載以及承德的民間故事等。從其來源包括了漢文、滿文、法文與藏文的情況看來，「來自承德的聲音」確實充滿了民族與文化的多樣性。第五部分「今日的承德」則討論了在大清帝國崩潰後，外國探險家重新發現承德的經過，以及在今日共產主義的意識形態下，承德如何服務於多民族的統一國家願景。

由於該書為論文集，相較於稍早出版的《圖解承德：清朝的景觀事業》[113]，其結構較為鬆散。但是兩書著眼點並不完全相同，後者主要是針對承德之自然與人文景觀的改變進行研究，而前者則主要是針對清代在承德所發生的歷史事件與其意義，以及對承德景觀的多重文化特色進行分析。兩者的內容實有互補之處。限於篇幅，無法進行各篇論文的通盤討論，以下僅針對數篇論文進行討論。

一、透過對承德建築的考察，安娜．莎耶（Anne Chayet）發現在承德所建造的西藏廟宇，並非以真正的西藏佛寺為藍本，而是以佛教唐卡為藍本而建造的。唐卡畫中想像的西藏佛寺，在皇帝的權力下化為真實。避暑山莊的建築形式，正反映了大清的國家性質，它無法被簡單歸類為傳統漢式、蒙古式或西藏式，而是上述三種的特別混合形式，應稱為「清式」建築。我們可以發現，這樣的建築風格某種程度上也反映了清帝國的複雜性與特殊性。

二、在凡·西蒙斯（Van J. Symons）的論文中，統計出乾隆皇帝一年大約有三分之一的時間待在承德。他並且將乾隆皇帝從北京到承德的旅程比擬為帝制中國傳統中的「巡狩」（tour of inspection）。西蒙斯藉由此舉說明了乾隆皇帝不僅是有意識地以漢人模式的儒家君王自居；同時，乾隆前往關外圍獵與宴請外藩臣屬又暗示了他同時也以內陸亞洲的大汗自居的目標。

三、歐立德（Mark C. Elliott）與賈寧的文章則討論狩獵在內陸亞洲民族文化中的重要性，並且延伸討論狩獵對大清皇帝的政治意義。本文將「木蘭圍獵」視為一種被發明的傳統（invented tradition），不同於滿洲人舊有的打獵風俗（custom）；並討論其成為清代皇室家教及祖制的過程與意義。此外，木蘭圍獵對於皇帝與漢官而言，存在著不同的意義：前者視其為光榮的民族傳統，後者則視其為皇帝沉溺遊樂的象徵。這種詮釋上的差異，也提醒讀者注意滿洲人統治下的阿爾泰地區與漢人地區仍舊存在的鴻溝。

四、一七七一年，土爾扈特蒙古自俄國前來歸順大清帝國，乾隆皇帝認為這個歷史事件是自大清建國以來經略內陸亞洲的頂點，因此作了〈御製土爾扈特全部歸順記〉以紀念之。米華健（James A. Millward）以此為背景來探討大清帝國在平定準噶爾蒙古後，乾隆皇帝以盟旗制度統治蒙古的意義。由於蒙古人過去的部落被地理劃分的實體所取代；而原先對具有「卡里斯瑪魅力」領袖的忠誠也改為臣服於由多層次的科層制行政體系所環繞的皇帝。米華健認為這些改變不僅防止了廣泛部落聯盟的可能性，也避免出現新的「卡里斯瑪魅力」領袖來挑戰大清的權威。因此在這個意義上，內陸亞洲草原有效地與世隔絕了。可以說，大清帝國的治蒙政策有效地使蒙古臣服於帝國統治之下。這種情勢一直到清末在蒙古推行新政，引起蒙古貴族與喇嘛的不滿以及俄國的介入，大清對蒙古的統治才瓦解。[114]

五、約瑟夫．阿德勒（Joseph A. Adler）以承德文廟的興建為例，說明乾隆皇帝跳脫程朱理學的傳統，並以古典儒家理想中的聖王自居。借此，不僅儒士官僚失去了批判皇帝的理論基礎，皇帝也鞏固了滿清統治關內漢人的道德正當性。

六、有關乾隆皇帝對藏傳佛教的信仰究竟是出於真誠還是為了綏服蒙古的問題，伊莉莎白・貝納德（Elisabeth Benard）以記述乾隆皇帝接待六世班禪額爾德尼的藏文材料為基礎，以及對乾隆皇帝陵寢的分析，試圖說明乾隆皇帝對藏傳佛教的追求不僅僅是出於策略，更包含了他個人對藏傳佛教信仰的虔信。

如果我們從帝國邊緣的承德來反觀清朝的歷史，可以發現這個規模不大的新興城市，在清代歷史上實占有重要地位。一六八九年，康熙皇帝在木蘭圍獵期間與俄國簽署了《尼布楚條約》；隔年在木蘭圍場附近的烏蘭布通，由康熙皇帝領導的清軍擊敗了噶爾丹的入侵。一六九一年，康熙皇帝在多倫諾爾接見了前來歸順的喀爾喀蒙古王公；相隔八十年後，乾隆皇帝於一七七一年在承德接見了自俄國來歸大清的土爾扈特蒙古領導者渥巴錫（Ubashi）。一七八〇年，乾隆皇帝與西藏重要政教領袖之一的六世班禪額爾德尼於承德會面，並在萬樹園設宴款待之。另外在該書中未著重探討的部分，還包括了乾隆皇帝於一七九三年在這裡接待英王喬治三世的特使喬治勳爵馬戛爾尼。這些清代歷史上的重要事件都與承德息息相關。我們必須承認，外國政要也許對承德比北京更為熟悉。承德不僅是當時內陸亞洲的「首都」，更是世界上重要的政治中心之一。

大清皇帝從北京巡狩至承德，建文廟以修文，行圍獵以講武。在藏傳佛教領袖的賜福、蒙古王公的臣服與儒士漢官的協助下，清朝的皇帝得以成功統治廣大的滿洲帝國（Manchu Empire）。透過該書所提供的承德邊緣視角，我們可以看到它在清代皇帝維持帝國一統中的作用：名為避暑，實為柔遠；圍獵為名，講武是實；宴請來使是象徵，宣示主從關係為意義；崇尚佛教是手段，籠絡蒙藏為目的。承德不僅是大清一統帝國的象徵縮影；反過來，它也在大清維持大一統的過程中起了實際作用。從承德這個制高點往下俯瞰，當可使我們更清楚大清維持多民族帝國統一上的細膩之處。

然而，必須注意的是，大清的大一統並非文化的大一統，而僅是政治上的大一統。事實上，承德景觀之混合文化特色與大清基於族群主權所實施的各種民族隔離與地域封禁政策之間存在著極大的落差，但似乎少有相關研究討論此一落差的意義。[115] 針對治下的不同民族，大清皇帝「因其教，不易其俗」，尊重其文化與信仰，但同時也實行各民族之間的隔離政策，而自己則以唯一跨越不同民族文化藩籬的統治者自居。這也是作為征服王朝的大清與傳統中國王朝在帝國建構上的差異之一。

本章曾見於〈評 James A. Millward, Ruth W. Dunnell, Mark C. Elliott, and Philippe Forêt, eds., *New Qing Imperial History: The Making of Inner Asian Empire at Qing Chengde*〉，《歷史人類學學刊》第五卷第一期（二〇〇七年四月），頁二〇一至二〇五。

從內亞與日本視角反思清史與「華夷史觀」

——評介《大清帝國與中華的混迷》

隨著中國國務院學位委員會和教育部於二〇一一年將「世界史」升級為一級學科，與中國史和考古學並列，世界史在今天中國學界受到的重視也與日俱增。近年來出版界關於世界史論著的出版與迻譯也如雨後春筍般蓬勃發展。然而像中國史與世界史這樣的學科分野並不代表兩者實際上毫無關聯。因此如何在世界史的視野中來書寫中國史，以及中國一般大眾讀者需要什麼樣的世界史的問題，在這樣的形勢下更值得我們深思。在這種情況下，日本學界與出版界的作法也許值得我們參考借鏡。

《大清帝國與中華的混迷：現代東亞如何處理內亞帝國的遺產》（《大清帝国と中

華の混迷》）收錄於日本講談社為紀念創社一百周年所策劃的「興亡的世界史」書系當中；該書系自二〇〇六年起開始發行，該書日文原版則作為該書系的第十七卷（中文版則為第十八卷）於二〇〇七年發行，並於二〇一八年一月再度發行講談社學術文庫本。講談社在日本出版界以發行符合大眾品味與需求的作品著稱，與帶有菁英與知識分子色彩的岩波書店不同。因此，從該書可管窺日本學界與出版界如何為一般日本讀者提供一種將清代中國史放在世界史框架中的詮釋。「興亡的世界史」書系於二〇一七年起由臺灣八旗文化出版社引進繁體中文版，而《大清帝國與中華的混迷》則於二〇一八年十月發行，譯者為林琪禎。

該書作者為平野聰，現任日本東京大學大學院政治學研究科教授，主要研究領域為中國與東亞近代史、民族主義與國家統合。其代表作為博士論文改寫而成的《清帝國與西藏問題——多民族統合的成立與瓦解》（名古屋大學出版會，二〇〇四年），該書並榮獲二〇〇四年度的三得利學藝獎（思想．歷史部門）。

該書是作者以《清帝國與西藏問題》、「亞洲政治外交史」大學部課程講義，以及若干市民講座的內容為基礎所寫成的普及讀物。內容描述大清從一個內亞帝國轉化為東亞帝國，並且逐漸演變為近代中華國家的過程。作者認為大清的盛衰榮枯的關鍵在於儒學、藏傳佛教與近代主義（modernism，也譯為現代主義）三種不同文明的衝突。

該書除了序章和結語以外，正文共分為七章。在序章中，平野聰從二〇〇六年農曆春節期間在橫濱中華街上所見的「黃帝紀年」為引子，開始討論東亞各國普遍存在的多元紀年方式（如清代的皇帝年號、北朝鮮的主體曆或檀紀以及日本帝國的皇紀等），與這些紀年方式背後的正統思想，以及這種時間觀念對歷史觀的影響。作者認為清末梁啟超的《中國史敘論》中把日本的「東洋史」稱為中國史的做法，是把大清領地上的過往王朝歷史納入連貫的「中國史」史觀的開始。在這種情況下，過去的「天下」變成了「世界」，而「中國」也從天下的中心變為世界的一部分，這也是近代中國誕生的象徵。作者也認為目前東亞中日韓三國由於仍殘存對過去歷史的認知問題（諸如日本政治人物參拜靖國神社與歷史教科書問題），導致隨著各國之間交流擴大、卻反倒激化並陷入相互對立的狀況。因此當我們思考「東亞」的各種問題時，不能局限於自身對「東亞」的印象常識，也不能安於「中國史」、「日本史」等國別史的框架，而是要跳脫國家和民族的束縛，以對等的立場來討論發生在東亞大地上的歷史與問題，才可能避免過往的衝突與對立。

「華夷思想」及大明帝國是該書的歷史背景。平野聰從天安門與萬里長城等歷史建築背後的意義分析出發，試圖回答為何「東亞」帝國即便一直試圖成為普世的文明帝國，但它與內亞的關係卻如此脆弱，並且無法將自身的文明邏輯推廣到內亞地區？作者認為回答這個問題的關鍵在於東亞各國普遍流行的華夷思想（或稱中華思想）。這種思想的出發點便是深信人類的社會與文化只有一種理想的標準（即「華」），而不符合這種理想標準的社會（即「夷」）可以透過教化的手段來逐漸符合這種理想。東亞的農業經濟背景還有儒家思想則造就了華夷思想的出現。作者認為朱元璋建立大明及恢復朝貢體系便是基於華夷思想而締造的世界秩序。雖然在這個體系中，朝鮮、日本與琉球都因為加入了這個體系而受益，但是這套體系卻始終無法擴及長城以北的內亞民族（主要是蒙古與滿洲），而且隨著世異時移，大明帝國逐漸衰弱，最終被崛起於東北的滿洲人取而代之。

大清作為一個內亞帝國是該書的主要論點之一。平野聰從瀋陽故宮兼有漢人建築樣式與滿洲特色的布局分析入手，揭示了十七世紀初期勃興的滿洲帝國統治者試圖表現自己是融合內亞「大汗」與漢地「皇帝」於一身的特色。作者認為大明帝國的瓦解，肇因於一手打造的內政外交體系下潛藏的矛盾——即開支巨大的朝貢貿易所導致的浪費；出兵朝鮮更加速了財政惡化，而為了對抗新興的後金國所激增的軍事開支最終導致了帝國的崩潰。滿洲人在入主中原後遷都北京，滿城與北海白塔等新的建築將北京變成彌漫著內亞色彩的大清帝國首都。此外大清帝國更將滿洲人的髮式服制強加於前明臣民之上，作為他們臣服於大清的象徵。從地緣政治學的角度來看，滿洲入主中原象徵漢人社會從東亞的中心轉變為內亞的邊陲；而大清亦以內亞帝國之姿發展了很長一段時間。在這段期間，大清皇帝以藏傳佛教的保護者自居，擊敗了準噶爾汗國，成為了蒙古、西藏與新疆等內亞地區的主宰者。

在書中，平野聰批評了宮崎市定認為雍正皇帝是一位中國式獨裁君主與文化人的論點。他以奏摺制度與軍機處的設立說明雍正皇帝其實並不信任龐大的科舉官僚組織。一般人僅注意到雍正皇帝本身雖然經常引用儒家思想，但是他同時也是位熱心的藏傳佛教徒。例如他曾拜師蒙古活佛章嘉呼圖克圖學習佛法，而且還將過去身為皇太子時居住的宅第改建為藏傳佛教寺院，亦即後來的雍和宮。雍正皇帝事實上是從儒家思想與藏傳佛教當中擷取有利於支配不同民族的思想資源。除此之外，面對當時滿漢官僚奢華浪費的問題，雍正皇帝也試圖以恢復滿洲尚武簡樸的傳統來解決；面對呂留良與曾靜以「華夷之別」來挑戰清朝統治合法性時，雍正皇帝則親撰《大義覺迷錄》批駁華夷思想，並提出中外一體來捍衛大清的統治。作者認為既然華夷思想不能讓不同文化以對等關係共存，《大義覺迷錄》便成了孕育近現代中國作為主權國家的作品。而到了乾隆皇帝時，面對華夷之分的質疑，他一方面要求滿洲人維持國語騎射等舊俗，另一方面又刪毀漢文文獻中的民族歧視字眼，直接抹去民族歧視的現實，並且將其父的《大義覺迷錄》予以禁毀，不承認自己是夷狄。

大清作為內亞帝國所依賴的意識形態是藏傳佛教。大清皇帝作為藏傳佛教的保護者體現在承德的熱河行宮與外八廟的建設上，而乾隆皇帝與六世班禪在承德的會面更是盛事之一。然而對於被迫向六世班禪朝拜的朝鮮使節朴趾源而言，這無疑是背離了「尊華賤夷」的道理。平野聰觀察到大清皇帝與士大夫對於「中華」的定義，其實是不一樣的。對於皇帝而言，大清的全體版圖就是「中國」、「中華」；而對於大清治下的儒士與朝鮮來說，「中華」是以儒學與漢字文明等文化來定義的，但是後者被迫接受了前者對「中華」與「中國」的定義。魏源的《聖武記》則將乾隆皇帝的武功與大清的廣大版圖神聖化，中原與內亞邊疆同時被內化為中國的領域，龔自珍的〈西域置行省議〉正是這種思想的反映。早先為了避免批評清廷而遭迫害，清代前期的士人轉向儒家經典的考據學。隨著大清帝國走向衰弱，儒士試圖提出一套新的理論來振衰起敝，推動經世儒學的興起。同一時期的日本學界與政界也流行經世致用之學，為之後的「尊王攘夷」與明治維新奠立了基礎。

西力東漸為近代東亞史揭開了序幕，同時也伴隨著傳統「天下」體系的終結。從鴉片戰爭爆發（一八四〇年）到太平天國之亂期間（一八五〇至一八七一年），則是大清從內亞帝國轉變為中華帝國的重要時段；在這段期間內，儒學官僚們為了保衛儒家理想不被太平天國破壞而奮戰。作者認為清朝真正進入近代的時間點在於第二次鴉片戰爭（又稱英法聯軍，一八五六至一八六〇年），因為首都北京在戰爭中遭受破壞，並且最終與英法俄等國締結了對等外交關係，打破了長久以來大清的天朝心態與朝貢體系，過去的「朝貢國」與「化外之地」如今變成與大清對等的主權國家。令大清更難以接受的是，過去日本作為向大清貢的「互市之國」以及朝鮮作為「藩屬國」，如今也變成平等的主權國家。而清日韓等東亞三國為了爭取獨立的生存空間，最終導致了彼此的衝突以及東亞秩序的重整。

大清和日本在春帆樓簽署了馬關條約，朝鮮王朝則將用來迎接明清使節的「迎恩門」改成了「獨立門」，象徵著傳統天下秩序的崩毀，東亞三國走上了建立主權國家之路。而清廷自英法聯軍後對西洋列強的態度也逐漸從強烈抵抗列強單方面的壓迫，轉向透過交涉與妥協以確保己身利益，而且開始推動自強運動以學習西方科技。面對英國以馬嘉理事件（一八七五年）要求開放西藏通商一事，清廷的洋務官僚一改過去視西藏為佛教文明中心的看法，視西藏抗拒態度為昧於世局之舉而嗤之以鼻。此事也是大清逐漸適應近代國際關係，並以來自東亞海洋的標準來看待事物，發展為近代東亞帝國的轉捩點。然而此時的日本為了在新的國際秩序中維持主權，抗拒來自歐美列強與大清的壓力，以朝鮮問題為核心導致了日本與大清的對立，最終走向甲午戰爭。

近現代中國民族主義源自於作為天下之主的大清帝國以及漢人士大夫，為復興儒家「中華」的努力受挫於日本而產生的焦慮感與自覺。這種情況又隨著甲午戰後大清國際地位的惡化而加劇。戊戌變法就是為了回應這樣的危機而出現的。雖然變法並未成功，但這些變法派人士逃到日本後，獲得了新的舞台。日本贏得日俄戰爭（一九〇五年）的結果，也導致前往日本的留學生大量增加。這些追求富國強兵的留學生在後來的新政與立憲運動中都扮演了重要角色，可以說日本是孕育現代中國的搖籃。而內亞邊疆在大清加強集權控制的壓力下也日漸離心離德。平野聰認為大清與日本對立的歷史、與內亞民族之間的關係還有急於推動富國強兵的現代化所伴隨而來的問題，至今依然懸而未解，要解決這些問題，必須拋開華夷思想，互相平等對待，才可能讓東亞各國遠離無意義的爭端。

根據日本東洋史家岡田英弘在《何為清朝》（《清朝とは何か》，藤原書店，二〇〇九年初版）一書中的概括，日本學界在清史研究的取向上存在著「清代史」與「清朝史」的分別。「清代史」指主要以漢文史料為基礎，側重社會經濟史，強調明清連續性的研究取向，這些學者多自稱為明清史研究者；而「清朝史」則指主要依靠滿語史料，側重清初特別是入關前政治史和制度史，強調滿洲國家特性的研究取向，這些學者多數也自認是滿洲史研究者。該書從地緣政治與外交的角度來解釋清代中國歷史的演變，旁及政教關係與思想文化，強調清朝的內亞帝國特性，某種程度上可以歸類於上述的「清朝史」範疇。不過可惜之處在於對經濟與社會制度著墨甚少。即便如此，作者強調內亞與藏傳佛教對清朝的重要性，以及後來日韓作為大清形塑己身認同的對照物等論點，仍舊使它在其他同類作品中占有一席之地。

雖然該書的主軸之一在討論「天下」概念的崩壞與近代中國的成立，但平野聰其實並未花太多篇幅討論「天下」的定義與內涵，僅說明「天下」是個模糊的概念（頁二一），約略是「中國」與「外國」的總和（頁二八六）。在這種情況下，日本神戶大學教授王柯的《中國：從「天下」到民族國家》一書中關於「天下」的討論，與該書內容實有互補之處。[116]王柯從《禮記・明堂位》篇中得出中國王朝建立起來的「天下」構造，並非「五服」，而是「三重」的天下——由位居中央的天子、天子身邊的諸侯，以及周邊的四夷所構成，因此多民族性才是「天下」原來的面目。然而「天下」的內涵在不同時期與王朝也有差異，主要有兩種模式：一種是「多重型天下體制」，以秦漢隋唐等傳統漢人王朝為主，這些王朝對「中國」以外的民族集團的政策以羈縻為主，而對「中國」境內的非漢民族則以漢化為主；由內亞民族建立的遼金元清等征服王朝則屬於另一種「多元型天下體制」，將「中國」以外的本民族根據地視為牽制漢人的政治資源，而實施封禁隔離，並且在當地堅持本民族傳統的政治與文化體制。清朝則將這兩種模式作了最大程度的綜合發揮，但是大清治理內亞所用的藩部制度在於它模糊了中國的主權領域範圍，因此在中國後來建設近代國家的過程中，確認主權範圍與強化邊疆人民對於國家的認同成了巨大的挑戰。筆者認為王柯的作品可以提供讀者一個更加廣闊的歷史背景來理解該書的主題。

簡言之，該書展現了一位日本政治學者從地緣政治與外交視角來書寫清朝從內亞帝國轉變為東亞帝國，最終成為近代中國的演變過程；並且強調其利用藏傳佛教作為統治意識形態的特點，提供了一種為一般大眾從世界史視野書寫清史與東亞史的參考。對於清史、內亞史與東亞史和世界史有興趣的讀者而言，該書應該能提供一種較少見的內亞與日本視角，有助讀者反思過去對清史的一些成見，並提供一種不同的歷史詮釋。

本章曾見於〈世界史框架下對清代中國史的詮釋〉，《澎湃新聞．上海書評》二〇一九年一月二十九日，http://m.thepaper.cn/renmin_prom.jsp?contid=2908758，二〇二〇年六月二十日。

清代八旗制度與滿洲身分認同

——評介《滿洲之道》

滿洲人所建立的清朝是中國歷史上由非漢民族統治時間最長的一個朝代。然而，大清皇帝如何以少數的征服民族之姿，遂行對廣大漢人的統治，卻又同時能維持滿洲民族自身的統治地位，一直是學術界所重視的問題。

一般認為，清朝的滿洲統治者之所以能鞏固在中國的統治，對漢文化的學習與採借是一個很重要的因素。然而這也使得清代滿人是否漢化的問題成為學界爭論的焦點之一。過去主流的漢化學派（Sinicization School）觀點，隨著近二十年來對滿文相關史料的整理與應用，逐漸受到強調滿洲性的新興阿爾泰學派（Altaic School）的質疑。[117]在此一學術潮流的影響下，該書《滿洲之道：八旗制度與晚期帝制中國的族群認同》（*The Manchu Way: The Eight Banners and Ethnic Identity in Late Imperial China*）即從對滿人漢化觀點的質疑出發，探討清代八旗制度與滿洲身分認同之間的關係。[118] 作者歐立德（Mark C. Elliott）於該書出版時任美國加州大學聖塔芭芭拉分校歷史系副教授，現為美國哈佛大學東亞語言與文明系教授及哈佛大學國際事務副教務長。

八旗制度為清太祖努爾哈赤於十七世紀初所創制的一種「兵民合一、軍政一體」的社會制度；「旗」是「旗分」的簡稱、滿語 *gūsa* 的漢譯。八旗制度初創時僅有「八旗滿洲」一部。到了清太宗皇太極統治時，隨著後金國對察哈爾蒙古與遼東漢人的征服，又創建了八旗蒙古與八旗漢軍，奠立了日後八旗制度的規模。

該書除前言與結論外共分為三部分，計分八章。前言簡述了與滿洲相關的問題，第一部分「八旗社會的結構」共有三章，依序為「八旗與滿洲源流」、「滿城：猛虎在山」、「皇帝的奴才」；第二部分「旗人生活模式」共有三章，依序為「旗人特權的鐵飯碗」、「與尼堪共處」、「寄居的異族」；第三部分「十八世紀的危機」共有二章，依序為「滿洲之道何去何從？」、「維護八旗制度」。結論則探討滿洲認同與滿洲在中國的統治。

該書主要論點大致可歸納為以下三點：

第一，清朝統治中國的權威基礎有二：（一）新儒家式的正當性（neo-Confucian legitimacy），（二）族群主權（ethnic sovereignty）（頁十三）。前者指的是滿洲征服者入關後，為了順利統治關內的漢地，因而崇儒重道且起用大批漢人官僚，並以儒家聖主的形象統治漢人；後者則指大清皇帝透過各種隔離與歧視的族群政策，使其能保持本民族的特殊性，而以少數的征服民族之姿，創建並維持一個大一統的多民族帝國。

第二，出於維護族群主權的考慮，大清皇帝給予滿洲人多項優惠與特殊待遇，並且設法使其與漢人隔離以保持其傳統的滿洲之道（其內容包括了滿語、騎射與儉樸忠誠等特質）。而大清皇帝對於滿洲人的照顧以及滿洲人處於廣大漢人敵意包圍下的態勢，也增強了滿洲人的共同命運感。

第三，然而隨著大清對中國從暫時征服轉變為長久占領，自十八世紀初起，滿洲人受到漢人的涵化情況日漸嚴重，八旗駐防各地導致旗人與中央的聯繫日漸薄弱，同時八旗人丁的增長也成為清廷財政的沉重負擔，促使滿洲族群的主權基礎出現了危機，因此清廷試圖解決這些問題。就前者而言，雖然清廷努力遏止滿洲人漸入漢習，但仍然無法扭轉此一趨勢；但就後者而言，清廷透過將八旗制度科層化，以及改革八旗財政與戶口登記等措施，成功地促使旗人得以重新附著於八旗制度上；八旗制度得以維持，也使滿洲身分得以保存。清廷理想中以文化為基礎的規範性（normative）滿洲之道，至此亦逐漸被以旗人身分為基礎的履行性（performative）滿洲之道所取代。八旗制度與滿洲身分認同是糾結而密不可分的。

從前述中可以發現，作者著重討論兩個概念：一個是族群屬性（ethnicity），另一個則是八旗制度。他的主要對話對象則是美國達特茅斯學院歷史系教授柯嬌燕（Pamela Kyle Crossley）。

首先在族群屬性的討論上，柯嬌燕在《歷史透鏡：清帝國意識形態中的歷史與認同》一書中，避免以族群屬性作為理解清朝治下不同文化團體的概念工具。[119] 首先，她認為當時對這些人群的分類與歷史建構，事實上受到滿洲統治者的意識形態（ideology）所影響，與現代脈絡中的族群（意指被民族國家邊緣化的人群）不同，因此她另以「帝國成員」（constituency）來稱呼之。[120] 其次，她認為旗人與被征服的漢人在文化上的區分，到了乾隆朝時改變為世系（genealogy）與種族（race）上的區分，同時以清高宗敕纂《八旗滿洲氏族通譜》與對八旗漢軍的祖源追溯為其佐證。[121] 最後，她認為一直要到清末太平天國之亂後，滿洲人才開始產生現代意義上的族群認同。[122]

然而歐立德並未遵循柯嬌燕的研究取向。首先，他認為以族群屬性來討論清代中國的滿洲人，除了有益於理解滿洲人真正自我認同的過程，使研究者更容易區分文化群體與族群的不同以外，還能讓我們在更廣闊的比較歷史脈絡下來檢視中國的族群（頁十七至十八）。

其次，歐立德對於前述柯嬌燕的修正主義觀點並不完全贊同，並且提出一種新傳統主義式的觀點。柯嬌燕堅持認為滿洲人事實上從未被漢人真正同化，滿洲身分的性質則歷經了從文化、種族乃至族群的演變過程；然而歐立德認為自十七世紀初八旗制度建立以來，滿洲身分的本質事實上一直是族群性的（頁三四）。歐立德承認滿洲人的確受到漢文化很大的影響，但是他認為某族群在文化實踐上的轉移並不必然表示該族群的自我感知或他者對該族群的理解也會有所轉移（頁二八）。

如果歐立德承認滿洲人與漢人之間的文化區別逐漸模糊，卻又不認為滿洲人就因此失去其族群認同，那麼構成滿洲族群認同的主要動因（agency）為何？[123] 在這個問題上，歐立德提供了我們一個可能的答案，而這也是該書中的第二個重點：八旗制度。

柯嬌燕指出清高宗（乾隆皇帝）對繼嗣（descent）與世系的強調是滿洲身分演化過程中的轉折點；而歐立德自己對此現象則提出了另一種解讀。他認為此一轉向並非肇始於乾隆朝，而是之前的雍正朝（或甚至更早）。此外，歐立德認為雍正朝的「八旗登記改革」在滿洲身分的演化上代表一個轉折點，並非因為滿洲身分首度與繼嗣相稱，而是因為滿洲身分與旗人資格更加緊密結合。因為清廷不再假定每個旗人在繼嗣上都屬於八旗（頁三二九）；也就是說對旗人血統的清查，目的在保持八旗內部的純淨。米華健（James A. Millward）認為歐立德借此倒置了漢化理論：即滿洲之道的危機並不在於滿洲人的漢化，而在於混入滿洲之漢人的滿洲化。[124] 然而，筆者以為大清皇帝的用意，實際上在於劃清滿漢之間的界線，而前述兩種情形都可能造成滿漢身分的混淆危機，這對滿清建立於族群差異性之上的統治正當性來說是很不利的。

柯嬌燕強調由上而下的帝國意識形態在滿洲身分之構成過程中的政治作用。對此，歐立德並不否認。但他也指出，若是缺乏文化、歷史與世系的正當性，這樣的政治建構是無法成功的（頁三五三）。歐立德將八旗制度與法國社會學與人類學家皮耶・布迪厄（Pierre

Bourdieu）提出的習性（*habitus*）相結合，認為八旗制度產生了模式化的滿洲生活實踐與表徵（頁三五四）。八旗制度維持了滿洲族群身分存在所需的社會經濟基礎，而滿洲人對此一身分的認同又強化了八旗制度存在的必要性。也就是說，在滿洲身分認同的產生上，柯嬌燕強調由上而下的帝國意識形態作用，而歐立德則強調由下而上的制度作用。

由前述可知，歐立德與柯嬌燕之間對滿洲認同形成過程的一個爭議點，在於兩者對影響滿洲認同的歷史動因有不同解釋：帝國意識形態與制度何者較具有決定性？但是事實上，要判定何者為決定性的歷史動因是很困難的。八旗制度本身就是出於征服與文化考慮的帝國意識形態產物，這與帝國本身的擴張有密切的關聯，[125]但是八旗制度的發展也不時脫離帝國意識形態的掌控，迫使皇權不得不作出讓步。因此重點不是判定帝國意識形態與制度何者為決定性的歷史動因，而是要設法釐清兩者在滿洲認同形成中的互動過程。如果我們將清代前期一系列復興滿洲傳統文化的政策視為人類學中的復興運動（revitalization movement），[126]而以美國人類學家馬歇爾・薩林斯（Marshall Sahlins）的人類學理論來加以解讀，也許有助釐清在滿洲認同形成過程中帝國意識形態與制度的互動過程。

在歐立德前揭書中，大清皇帝所強調之代表滿洲傳統的文化符號，除了八旗制度外，還包括了滿語、騎射、純樸等技能與秉性，並且被大清皇帝強調是滿洲入關前的舊習。在技能上，滿洲人被要求必須勤習滿語，學習漢語則成為次要。此外，大清皇帝重視滿洲人固有的騎射長技，並要求滿洲人在學習漢人的文藝之前，必須在騎射上有所成就；在秉性上，皇帝則要求滿洲人效法先祖的純樸風俗，不可學習漢人浮靡之風。在八旗制度上，由於旗人人口越來越多，導致清廷財政不堪負荷，為了貫徹首崇滿洲的國策，因此在待遇上八旗滿洲的優待未曾稍減，但是在文化與起源上與漢人相近之八旗漢軍的優遇則遭到犧牲。此外，在氏族系譜上，著重於八旗滿洲在血緣繼嗣上的一貫性，並且將混有漢人血統的八旗滿洲視為較不純正的滿洲人。根據前述可知，滿洲文化復興運動的目標，在於培養出國語嫻熟、騎射優長、生活簡樸、忠於皇帝，並且以身為征服民族後裔為傲的純正滿洲人，以成為皇帝統治漢人最忠心的臣僕。

傳統上，學界認為大清皇帝復興滿洲文化的作法是擔心滿洲人被漢人所同化而失去統治的特權。[127] 康雍乾三朝所推行一系列的滿洲文化復興運動，正表現了大清皇帝對於滿洲文化的重視。但是為何政經特權的維持，需要透過文化的復興運動來達成？關於這個問題必須透過檢視清朝滿漢關係史，以及因此而產生的文化意義來討論。薩林斯主張文化分類會影響人們的日常實踐。[128]筆者認為大清皇帝即受到滿漢文化分類的影響，而將滿洲人的政經特權與本民族文化的優越性相連接。在滿漢接觸的歷史中，滿漢之分主要是建立在身分與文化上的差異。入關前的滿洲文化對於大清皇帝而言，是征服民族優勢的象徵。因此我們可以說大清皇帝透過復興滿語、騎射與八旗制度等滿洲文化符號，以及排斥漢習的做法，來重申（或重塑）滿洲性（Manchuness），[129]借此重新鞏固滿漢對立的二元意義結構，以及相應的「滿洲／漢人」、「統治／臣屬」地位。從這裡我們可以了解帝國意識形態作為歷史動因，在滿洲認同形成過程中所發揮的作用。

然而帝國意識形態在形塑滿洲認同的過程中並非無往不利。即便滿洲文化復興運動行之有年，在大清皇帝的上諭與御製詩文中，仍不時見到皇帝對於滿語教育成效不彰，以及旗人騎射廢弛的責難與嗟嘆。皇帝將此歸咎於主管官員苟且草率、未盡監督教導之責，以及滿人漸染漢習、忘卻滿洲之道之故。隨著旗人人口增加，清廷財政不堪負荷，不得不削減對非正身旗人的待遇，並且聽任八旗漢軍出旗為民，並且清廷唯恐八旗駐防兵丁忘其根本，漸染漢習，以北京為旗人之原籍。但駐防旗人苦於遷徙之累，加以生計困難，清高宗時期的清廷不得不予以退讓，讓駐防八旗改以駐防地為原籍。從這裡我們可以見到，八旗制度發展對清廷所造成的沉重負擔、官僚制度敷衍塞責的弊病，以及該運動對下層旗人缺乏強制力等制度性因素，都限制了帝國意識形態在形塑滿洲認同中的作用。

最後，雖然清廷試圖以官方力量塑造滿洲人對滿洲舊習的認同以維持大清統治的目標並未達成，但這些保存下來的滿洲傳統，包括語言、傳統、歷史、宗教與社會制度等元素，得以存在於滿人的記憶中。後來在一九五〇年代的中國民族識別政策下，這些記憶中的滿洲傳統則成為滿族身分的本質內涵。如果沒有帝國意識形態的發揚與制度的持久性影響，這些滿洲傳統文化可能會消失得更早更快，也就不會存在於滿族人的歷史記憶當中。因此，兩者對後世滿族認同的形成，同樣具有重要意義。[130]

歐立德與柯嬌燕之間對滿洲認同形成的另一個爭議點，則在於兩者對於族群屬性的定義不同。人類學長久以來重視田野調查，因此在研究上受限於材料的時間縱深不足，而使其研究成果在運用到歷史研究時易於受限。在該書中，歐立德試圖將人類學中族群屬性的概念歷史化，使我們在定義族群屬性時不需與民族（nation）的現代性相抵觸。因此，歐立德使人類學的族群研究增加了歷史深度。此外，歐立德在該書中大量運用了未整理的滿文檔案。正如歐立德自言「每個新檔案都需要一個新歷史」[131]，他透過人類學視野來解讀新發掘的滿文檔案，並透過不同於漢人的新觀點，建構出他所謂的「新清史」。蓋博堅（R. Kent Guy）將該書列為滿洲研究的「四書」之一，正是對該書作出重要貢獻的肯定。[132] 如今該書出版雖已二十年，強調滿洲統治者的族群認同因素在清史研究中的重要性也得到學界的肯定。[133] 這也凸顯了該書的重要地位。作為「新清史」的先行者之一，該書提示了歷史學與人類學未來可共同努力的一種方向。

本章曾見於〈評 Mark C. Elliott, *The Manchu Way: The Eight Banners and Ethnic Identity in Late Imperial China*〉，《政治大學民族學報》第二十五期（二〇〇六年十二月），頁二九三至三〇一。

滿洲漢化問題新論

——評介《滿人的再定位》

自二十世紀九〇年代以來，羅友枝（Evelyn S. Rawski）與何炳棣對滿人漢化與清帝國本質的爭論，一直是學界討論的焦點，[134] 該書《滿人的再定位：一項漢化[135] 的研究（一五八三至一七九五年）》（*Reorienting the Manchus: A Study of Sinicization, 1583–1795*）可視為支持何炳棣論點的代表作。[136] 作者黃培，為美國俄亥俄州揚斯敦州立大學（Youngstown State University）歷史系榮譽教授，以雍正皇帝生平（一六七八至一七三五年）以及考證滿洲族名源流等清史相關研究享譽學林。[137]

該書意圖說明滿洲人如何借用漢人的統治方法與生活方式，以及從努爾哈赤起兵反明（一六一八年）至乾隆末年（一七三六至一七九五年在位）之間，滿人在經濟、法律、社會制度等方面的種種改變；以及主張滿人漢化始於努爾哈赤，並於乾隆年間臻於高峰。由於意識到美國「新清史」學派的研究主張，作者小心翼翼地強調此時的滿漢交流並非單向的過程，滿洲文化同樣影響中國，但由於該書主題在於滿人漢化，因此暫不處理後者（頁二）。

有鑑於漢化定義的分歧，該書導論首先梳理「漢化」一詞的用法。「漢化」最早出現於一八九八年的日本，當時用以評論日本神道信仰的漢化。有些學者將漢化視同於族群同化，有些則視之為制度採借或文化融合。該書將漢化定義為對漢人生活方式的採借、適應與參與，被漢化的滿人不會意識到自己被漢化，並認為滿洲傳統是滿人對於自身文化的再詮釋，其中包含透過滿漢接觸而接受的漢文化成分。漢化與同化（assimilation）、涵化（acculturation）及文明化過程（civilizing process）等概念各有不同之處，而漢化這個詞語本身並無問題，有問題的是其用法（頁三至十一）。

該書正文共分為八章。第一章「滿洲源流與其族群成分」（The Ancestry and Ethnic Composition of the Manchus）指出滿洲內部除了女真，亦有非女真的族群成分，如蒙古、漢人與朝鮮等。這種異質性是滿人漢化的重要催化劑（頁四四）。值得一提的是，本章強調朝鮮與漢人傳統的共同之處，以及朝鮮對於滿洲漢化的作用，此面向過去較為學界所忽略。

第二章「清朝肇建」（The Founding of the Qing Dynasty）著重探討女真從部落發展為國家的歷程。努爾哈赤建立八旗制度與創制滿文，有助於女真人維持認同（頁七二至七三）。而到了皇太極（一六二六至一六四三年在位）時，他安撫漢民、起用漢官、翻譯儒家經典、採用明制、改國號為大清，在其統治下，努爾哈赤所遺留的蒙古制度漸次取消，金國改行漢制（頁七九）。最後，大清在多爾袞領導下順利入關（一六四四年），取大明而代之。多爾袞實行明制的舉措，不僅加速滿人漢化，也確保清朝征服明朝的成果（頁八一）。

第三章「經濟力」（Economic Forces），主張經濟因素是滿人漢化的主要動力，而經濟同時也受到地理的影響。作者指出農業使女真人接觸漢文化，邊市則增加女真人與漢人的接觸，並促使通事出現。女真與大明、朝鮮之間的邊界貿易使其從漁獵採集與農耕的混合經濟轉為以農業為主（頁一一三），朝貢則使女真人得以停留北京，進而熟悉各種中國儀式和規定（頁一一五）。

第四章「邊民與越邊民人」（Frontiersmen and Transfrontiersmen）則討論明清邊界的邊民與越邊民人（包括軍戶、被流放的罪犯與商人）如何影響女真漢化。由於漢奴、通婚與翻譯《三國志演義》等因素，使女真人對於漢文化有更深入的接觸。又因為朝鮮文化近似漢文化，女真人受朝鮮邊民文化影響的效果，即類似漢化（頁一四四）。

在第五章「行政與法律制度的興起」（The Rise of Administrative and Legal Institutions）中，則討論滿人如何採借明朝行政與法律制度，例如文館、六部與都察院的設置以及敕編《盛京定例》等。努爾哈赤統治下的金國早期制度仍是氏族聯盟，缺乏清楚的分工；一六四四年以後，大清數次修訂律例，修訂結果顯示清朝法律的漢化傾向，但大清皇帝亦同時修改明朝制度以符合清朝作為多民族帝國的需要（頁一九四）。

第六章「社會制度的轉變」（Transformation of Social Institutions）則討論滿人日常生活的漢化，此主要反映在婚姻、喪禮、幼子繼承制、命名習慣的改變，以及滿洲尚武精神的衰微等。大清皇帝雖然試圖重振衰微的滿洲尚武精神，推行京旗移墾與漢軍出旗等政策，但是收效不大。作者亦認為同治皇帝（一八六二至一八七五年在位）允許旗人出旗為民，可視為八旗制度的結束（頁二一九至二二〇）。

第七章「滿洲語文與文學」（Manchu Language and Literature）則討論漢文化對滿洲語文和文學的影響。失去母語的滿人雖然未喪失族群認同，但缺乏共同語言，其族群歸屬感很可能會消失。一六八〇至一七八〇年期間是滿人從使用滿文轉變為使用漢文的重要時期，而滿洲文學也顯現漢文化的影響，滿洲文人開始以漢文抒發自己的感懷。康熙朝（一六六二至一七二二年）則是從書寫滿文轉向漢文最為關鍵的時期（頁二三一）。

第八章「建築、宗教與儒家思想」（Architecture, Religion, and Confucianism）則探討滿人在建築、宗教信仰與接受儒家思想等方面的漢化情況。在建築上，盛京是漢化最深的滿洲都城，盛京清廷和北京明廷的宮廷建築差異不大，這主要歸功於薩哈璘（生年不詳，卒於一六三六年）在出掌禮部期間，將明朝典制引入清廷。在宗教上，滿人原本信奉薩滿信仰，其後漢傳佛教與中國地方信仰逐漸影響滿洲社會，例如順治與雍正皇帝對禪宗的信仰，以及一般滿人對玉皇大帝、城隍以及關公的崇拜等（頁二七五至二七六）。至於滿人儒化，作者認為傳統中國以儒家文化為主要認同，因此滿人接受儒家思想即可視為漢化的表現，其中包括《聖諭廣訓》的宣講、《四庫全書》與《貳臣傳》

的編纂，以及逐年增加的滿洲守節寡婦（頁二八〇）。

結論重申對漢化的看法：漢文化的影響與滿人的族群認同並不互斥，滿人漢化是個相對性的詞語；作者並列舉滿洲文化對於漢文化的影響。至於滿人對漢文化的反應，大清皇帝視滿洲文化為體，儒家思想為用；貴族對於漢文化影響持負面態度；學者與文人喜好漢文化；一般旗人則對漢文化抱有複雜的情感。清朝與先前的中國朝代並沒有太大差異，唯一的差異在於清代的滿洲人是特權階級。最後則引用美國蒙古學家拉鐵摩爾的看法總結全書，認為通古斯民族以其文化適應性強著稱，採借漢人的生活方式正是滿人重新定位自身的表現（頁三〇八）。

該書運用中、韓、滿文史料，並參酌日本與歐美的相關研究，舉凡社會、經濟、政治、法律、語文、宗教信仰等，作者都納入討論範圍，可說是目前對滿人漢化議題涉及層面最廣的研究成果。就該書的貢獻而言，現任香港大學中國研究學程助理教授金由美（Loretta E. Kim）認為該書提供了一個對滿洲歷史與文化的全面研究，同時也說明對漢人而言，女真－滿洲人並非完全的異民族政權，因為女真的漢化歷程早在入關前就已開始。[138] 筆者認同這兩點，並認為作者將朝鮮看作滿人漢化的媒介，強調其在滿人漢化過程中的影響，確實擴充了滿人漢化議題的討論廣度與深度。此外，該書也試圖從物質文化視角切入，討論滿人漢化。如以女真行軍時佩帶，用以盛弓箭罩的荷包（滿文：*fadu*）逐漸變為裝飾用的漢人荷包為例，討論滿人在入關後尚武風氣衰微的現象（頁二二〇至二二一）。這些都是該書在滿人漢化議題上，試圖做出新貢獻的努力。

在簡述該書的貢獻與成果後，以下將討論該書的一些問題與可能引發爭議的論點。首先，作者在導論中批評美國新清史對漢化的拒斥立場（頁五至十一），然而深入探究後就會發現，其爭議點主要還是在於雙方對漢化的定義不同。由於新清史研究將「漢化」等同於滿人改變文化與族群認同，因此認為漢化的概念有問題，而該書對漢化的定義則採廣義，認為漢化僅僅表示滿人在文化上接受漢文化，其仍保有族群身分。作者則採取折衷的立場，其目的在於讓學界重新認同漢化概念。

新清史針對漢化學派提出了兩大質疑：一是滿人採借漢文化後，為何沒有改變自身族群認同？二是為何滿人漢化後，漢人反滿情結仍舊存在？作者認為這兩點質疑都不成立。因為，一方面滿人漢化與維持滿洲認同兩者並不扞格，另一方面漢人的反滿情結早已隨著時間淡化（頁七至九）。關於作者對滿洲認同之維持問題的響應，筆者認為作者實際上是向新清史妥協，但必須指出的是，美國新清史也從未否認滿人採借漢文化的事實。[139]關於對漢人反滿情結的響應，筆者認為作者過度低估清末反滿運動的力度，及其對滿人造成的影響。作者認為辛亥革命僅僅取走滿人的政治主宰權（頁五），並舉清末保皇黨的成立，以及後來學者贊揚清朝建立廣大的帝國與提倡漢文化為例，試圖說明漢人反滿情結與排滿運動已逐漸消失（頁九）。然而辛亥革命的成功，事實上是以滿人流血和隱姓埋名為代價。滿人在辛亥革命中所失去的，還包括他們的性命與名譽，其被污名化的結果造成往後數十年滿人的忍氣吞聲。[140]

此外，該書在重提漢化概念時過度強調滿人漢化現象的歷史特殊性，使得漢化僅能作為描述性詞語，而非分析性的概念工具。[141]作者在解釋其使用漢化而不用「同化」（assimilation）與「涵化」（acculturation）的原因時，說明涵化為人類學用語，源於美洲原住民與白人殖民者接觸的歷史；而同化則是社會學用詞，用於討論從屬群體移入新社會後，試圖融入主流社群的過程（頁四），兩者都不適用於滿人作為少數統治者，被臣屬的漢人同化的情況。筆者同意滿人漢化的情況確實不適合用同化解釋，然而，涵化卻不失為一個好的分析概念，至少它在原本的定義上與漢化並不衝突。[142]視漢化與涵化為不同概念，不利於將滿人漢化的例子放在世界史中進行比較討論。如果比較十七至十九世紀的滿人漢化與十三至十四世紀的蒙古漢化與伊斯蘭化，特別是大元、伊利汗國與金帳汗國，將會發現這些現象有異曲同工之處。[143]這些例子都是外來的少數民族征服一地後，採用當地的主流意識形態以便取得統治正當性，並且在不同程度上接受當地文化。我們的確可以分別用漢化與伊斯蘭化來描述這些現象，然而在進行分析與跨文化比較時，仍然需要一個可以概括這些現象的概念工具，涵化的概念正適用於此處。因此，在研究上並不需要刻意區分漢化與涵化。

作者雖聲明不處理大清的內亞連結（頁九），然而行文中卻有意無意地低估非漢民族在清朝歷史上的作用。[144]譬如該書斷言滿洲征服中原時主要仰賴漢人降將，蒙古貢獻不大（頁十）。然而滿洲之所以能夠入主中原，是因為先平定漠南蒙古與朝鮮，消除來自側翼的後顧之憂。另外，在三藩之亂、準噶爾戰爭、太平天國之亂、捻亂、西北回變以及對英、法諸次戰役中，蒙古鐵騎無役不與。[145]即便蒙古並未在滿洲入關時扮演重要助力，但其無疑在清朝的軍事擴張與版圖形成上占有一席之地。在目前對此議題缺乏全面討論的情況下，筆者對作者的看法持保留態度。

在滿文檔案的重要性上，作者認為滿文檔案至多對清史稍有影響，不致改變其概貌（頁八）。針對此一預言，鑑於目前對滿文檔案的研究尚處於起步階段，還難以全面評估其成果，筆者只得按下不表。但該書對於滿文檔案價值的保留態度，不僅無助於滿文在清史研究中的推廣，並且低估日本學界自二十世紀初起的清史研究傳統，與後續兩岸學界以及近年來美國新清史研究使用滿文材料所取得的成果。[146]

八旗制度解體的時間也是該書具有爭議之處。作者認為同治皇帝允許旗人出旗為民之舉，可視為八旗制度的結束（頁二一九至二二〇），但事實上此一政策並未收效，旗人的響應並不熱烈。[147] 此後，八旗制度仍然持續運作，民國初年，其仍舊被用以解決八旗生計，並具有行政職能，直到北洋軍閥垮台為止。[148] 可見八旗制度直至民初仍是管理旗人的有效制度。

作者所謂的「滿語結構弱點」也需被重新檢視；其論及滿語式微的主要原因時，認為滿語不適合表達新奇或複雜的思想，因此無法與發展超過數百年的漢語競爭（頁二三九）。然而所謂的滿語結構弱點本身即有疑義，清朝滿文譯書的成果包括儒家、佛教經典與西學，[149] 筆者認為這些書籍恰能代表作者所謂的新奇與複雜思想。此外滿語的詞彙演變亦與時俱進，乾隆朝頒布的《欽定新清語》即為一例。[150]作者所言滿語結構弱點一說恐怕過於偏頗。

此外，作者在討論滿語中的漢語借詞時，其中一例也有待商榷，即將滿語的馬（*morin*）視為漢語馬（*ma*）的借詞（頁二四一）。目前學界一般認為 *morin* 是滿蒙同源詞，蒙語的馬即為 *mori*（*n*）。[151]不可否認，滿語中有許多漢語借詞，書中也舉出其他恰當的例子，然而就 *morin* 一詞是源自於漢語的意見，恐怕說服力有限。

作者提到滿人接受儒家思想，但滿人孝道概念的轉化也是值得注意的面向。從早期努爾哈赤並舉忠孝為統治工具的功利傾向，到後來大清皇帝借由法律、政策的制訂、發布與落實，推行孝道為全國性的言行規誡，都反映滿人接受漢人的孝道概念。具體事例如清初《孝經》典籍的大量翻譯、註釋與出版，孝子旌表制度的恢復與加強，養老制度與守制制度的執行，不孝罪無分滿漢的懲處與規範等。[152]

在評估滿人的漢化程度時，作者引用大量的諭旨與奏摺，說明乾隆朝時滿人漢化的情況達到高峰。這類數據數量龐大且信息豐富，確實是相當好的研究材料。然而作者並未深入討論皇帝頒布這些諭旨的特定動機，以及其他官員關於滿人漢化的奏報是特例還是普遍現象，以至於該書的分析不足以回答滿人漢化的細部問題。[153]英國學者昆廷・史金納（Quentin Skinner）提醒我們，在討論政治史中的言論及其意涵時，必須注意其宣傳效力以及反身影響。如果大清皇帝仰賴滿人的武力與團結，以便向其臣屬證明自己的統治合法性，那麼其在臣屬面前的行為，自然也會受這些思想制約。[154]例如乾隆皇帝斥責旗人「國語騎射廢弛」，可能是拿特定事件大做文章，以便收殺雞儆猴之效，當時滿人「國語騎射廢弛」的情況可能沒有那麼嚴重。

該書討論滿人在語文上的漢化時，僅於結論中提到子弟書對於漢人的影響（頁三〇四）。[155]但當我們檢視乾隆朝以後出現之滿漢兼書的子弟書與筆記，則會發現該書所說明的滿人漢化趨勢似有過度誇大之處。滿漢兼子弟書可能出現於一八〇〇年代，而內附少數漢文的滿文筆記則以道光年間（一八二一至一八五〇年）的松筠（穆齊賢）《閑窗錄夢》為代表。[156]從前述材料看來，直到十九世紀，旗人當中仍存在滿漢雙語並用的情況，但若僅從乾隆皇帝與官員的言論來判斷，我們得到的印象會是滿人漢化情況積重難返，很難相信到十九世紀還存在這類滿漢兼書的作品。因此僅僅仰賴乾隆皇帝與官員的說法，恐怕不足以完整說明當時旗人漢化的細節，這也導致書中所描繪的滿人漢化形象仍舊模糊不清。但某種程度上來說，這並不全是作者與該書的責任，畢竟我們目前還很缺乏乾隆朝以前底層旗人的相關材料。因此，未來勢必需要發掘更多底層旗人的史料，才可能對旗人的整體漢化情況有更多了解，並避免受限於帝國檔案中隱含的意識形態。

最後，下面列舉書中數條校對未盡之處以供參考：第七九頁，Gūwalgiya 應作 Gūwalgiya；第一三九頁，Fushen 應作 Fushun；第二四三頁，Jinzhow 應作 Jinzhou；第三一一頁註十四，引用《康熙朝滿文硃批奏摺全譯》第二〇八四條，該條應位於第八三三頁，而非第八三頁；第三四一頁，引華立之〈清代的滿蒙聯姻〉一文時，誤植為〈清代的滿蒙婚姻〉。

總結以上討論，筆者認為該書確實是目前在滿人漢化議題方面，討論最為全面的作品；然而，因為在方法論與立場上的爭議以及取材受限，事實上該書並未取得突破性的進展。與其說該書在滿人漢化的議題上做出定論，倒不如說是奠下討論的基礎。未來研究此一議題的學者顯然都無法繞開該書，而應以該書所掌握的廣泛材料為基礎，繼續發掘與底層旗人有關的材料，才可能深化相關的討論。

本章曾見於〈評 Pei Huang, *ReOrienting the Manchus: A Study of Sinicization, 1583–1795*〉，《史原》第二十五期（二〇一三年九月），頁二一九至二三〇。

「新清史」視角下的乾隆皇帝與馬戛爾尼使團

——評介《乾隆帝》

近三十年來，有關乾隆皇帝的中文研究汗牛充棟，其相關傳記約出版有十本以上，而專題研究更是多如牛毛。近年來相關的電視劇（如《乾隆王朝》與《戲說乾隆》）以及作家二月河以乾隆皇帝為主題所寫的歷史小說等，都受到廣大讀者與觀眾的喜愛。然而在歐美，乾隆皇帝的知名度與其歷史地位相比，實顯微不足道。因此美國哈佛大學東亞語言與文明系教授歐立德（Mark C. Elliott）寫了這部西方第一本乾隆皇帝的傳記——《乾隆帝》（Emperor Qianlong: Son of Heaven, Man of the World）[157]，讓西方讀者能夠認識這位中國歷史上的著名君主。

除了序言與結論兩章外，全書共分為九章。在序言說明了乾隆皇帝在歷史上的重要性，及該書寫作的出發點；第一章「登基」敘述了乾隆皇帝登基以前的成長教育與入繼大統的過程；第二章「當政」概括了乾隆皇帝登基之初所面對的各種挑戰並如何取得初步成功；第三章「家庭、儀式和王朝統治」描述乾隆皇帝的家庭生活，及其扮演孝子、好丈夫與嚴父等角色的努力；第四章「滿洲成功之困境」則從滿洲人如何以少數統治占多數的漢人角度出發，討論乾隆皇帝如何應對滿洲入關後所面臨的漢化危機；第五章「巡遊之治」關注的是乾隆皇帝透過北遊盛京、南巡、五台山禮佛與山東祭孔等巡遊，向其統治的各民族展現了不同的面貌；第六章「帝國的擴大」提到乾隆皇帝征服準噶爾與回部的經過並且繪圖纂書以紀功，一方面能宣揚其成就，另一方面又證明了清朝統治的合法性；第七章「文化巨人」則描繪乾隆皇帝崇文興學的一面。乾隆皇帝可能希望借此向人們展示在文殊菩薩和尚武之王以外，他作為儒家聖王的典範；第八章「清代的中國與世界」論及了朝貢體制下的大清對外關係，並且重新評價了英國馬戛爾尼使團訪問清朝一事，試圖為傳統上認為乾隆皇帝對外界事物一無所知的自大形象進行辯解；第九章「晚期的國家秩序與衰敗」指出了在乾隆朝末葉老臣凋零，使得乾隆皇帝日益孤立而專信和珅，致使皇權旁落。其後官僚腐敗與日益增加的人口壓力導致民變蜂起。在此背景下，乾隆皇帝讓位於其子嘉慶皇帝，自居太上皇。而在乾隆皇帝駕崩後，其埋葬的地宮牆上沒有任何滿文與漢文，僅刻著精美的佛教梵文咒語，這也許也反映了他個人的心靈歸宿。最後在結論中，歐立德歸納出乾隆皇帝在十八世紀時所遇到的主要問題。由於這些問題也存在於當代中國，因此他認為某種程度上可以把乾隆皇帝視為近代中國的第一個統治者。附錄包括了乾隆生平大事年表與書目介紹。後者是一份中西學界有關乾隆皇帝與清史研究的簡要書單，對於想要了解西方清史研究的讀者而言相當有用。

由於該書定位是寫給歐美讀者的入門書，因此為了幫助讀者進入歷史情境，歐立德也將乾隆皇帝與西方讀者熟悉的歷史人物做模擬。例如作者在英文版序中提出了「設想約翰．肯尼迪總統若從一九六〇年統治到二〇二四年，美國將會是何種局面」的問題，試圖讓歐美讀者了解乾隆皇帝統治的時間之久與其影響力。並且將乾隆皇帝與歐洲史上長保國力鼎盛的兩位君主英女王伊麗莎白一世（在位四十五年）與法王路易十四（在位七十二年）相提並論（頁 vi）。雖說這些是為了便利歐美讀者的做法，但是也同時有助於中文讀者理解乾隆皇帝在西方學界中的印象與評價。

該書作者歐立德是近年來在中國史學界引起熱烈討論的美國新清史學派代表人物之一，因此該書在寫作取向上也受到此一學派的影響。二〇一三年年底中國社會科學院歷史研究所（現為古代史研究所）定宜莊教授與該書作者共同發表的〈二十一世紀如何書寫中國歷史：「新清史」研究的影響與回應〉一文中，對新清史的三個特點進行了評述：一為強調全球化的視角，二是強調滿洲因素的重要性，三是強調使用滿語與其他非漢語檔案的重要性。[158] 從上述三種角度來看乾隆皇帝的生平，與傳統歐美與中文學界的研究又有什麼樣的差異？也許透過比較該書與同類英文與中文作品可以看出一些端倪。

由於該書是西方第一本關於乾隆皇帝的傳記，因此與該書主題相同的英文作品付之闕如。但是早在一九七四年美國耶魯大學歷史系退休教授史景遷（Jonathan D. Spence）就已經寫了康熙皇帝的傳記，中譯本為《康熙：重構一位中國皇帝的內心世界》。[159] 因此透過比較這兩本書，可以略觀四十年來美國清史學界對於大清皇帝的研究經歷了什麼樣的轉變。史景遷在描寫康熙皇帝時主要仰賴清代實錄與方略等漢文材料，以及耶穌會士的記述，這主要也與當時清代滿、漢文檔案的整理出版尚不發達有關，不過他注意到大清皇帝的滿洲身分及其政治影響，因此滿漢關係、準噶爾戰爭，以及中西關係（主要是康熙皇帝與教廷間的關係）都是重要的討論重點。這些部分其實也都是歐立德寫乾隆皇帝傳關注之處（不過中西關係主要則聚焦於馬戛爾尼使團上）。然而史景遷主要還是以康熙皇帝的視角來寫作，因此並未如該書一般針對康熙皇帝身處的時代背景進行太多描述，遑論比較清朝與同時期的歐亞帝國。這一方面是寫作策略的問題，但另一方面也反映了當時西方清史學界主要還處在奠基階段的情況，並且這種將清朝放在世界史來觀察的視角也尚未風行。

至於該書同類的中文著作，從該書的架構與內容來看，最接近的中文研究要數戴逸的《乾隆帝及其時代》。[160] 戴逸教授為中國清史學界耆宿，並出任國家清史編纂委員會主任。雖然該書初版於一九九二年，距今已有二十餘年之久，但他的研究仍反映了中國學界對於乾隆皇帝的研究基調。如果我們比較戴書與該書的內容，會發現兩者確實有明顯不同。譬如在比較乾隆皇帝治下的中國與其他國家時，兩本書同樣都以歐美各國為比較對象，但是比較的方式不同。戴書注意到的是當時發生在歐美卻沒有發生在中國的類似事件，例如產業革命、科學發展、啟蒙運動與美國獨立等，並以當時乾隆皇帝未能像略早的沙俄彼得大帝引進西方事物來反襯當時中國的鎖國與落後。然而反觀該書則是去比較當時同樣發生在中國與歐美的同類事物。首先以巡遊為例，該書不僅比較了乾隆皇帝與同時期英、法兩國國王的巡遊，而且也和毛澤東與鄧小平等現代中國領導人巡視各地之舉做了比較（頁一二二）。其次以遠征為例，該書則比較乾隆皇帝遠征準噶爾與法王拿破崙遠征俄國，並認為前者在時間與空間上的跨度更大，並且取得了更大的成功（頁一二四至一二六）。此外，該書作者還將比較的對象擴及其他歐亞帝國，例如在談到滿洲人以少數民族之姿統治眾多漢人時，就將俄羅斯帝國、莫臥兒帝國與奧斯曼帝國等納入比較，認為和莫臥兒帝國從未改宗印度教相比，清朝接受了較多的漢人習俗（頁二二至二四）。另外該書中也強調乾隆皇帝作為滿洲統治者統治多民族的一面，且書中也不時穿插滿語詞彙。例如第四章即探討了八旗生計與《四庫全書》收錄滿洲源流與傳統相關的著作等現象。另外也分析了清朝在新疆、西藏等地的準軍事化制度與大清作為多民族帝國的意義。但反觀戴書則甚少觸及這些議題，觸及滿漢關係議題的部分主要在於黨爭以及乾隆皇帝對於滿洲尚武之風的關注。提及十全武功時也僅強調此舉在保衛祖國疆域的政治大一統面向，而較少探索底下的多元文化與制度面向。雖然這一方面與當時清代滿、漢文檔案的整理出版尚不發達有關（前述史景遷所寫的康熙傳記亦有類似問題），但另一方面確實反映了中國與歐美的清史學界在觀點與視角上的差異：中國學界對乾隆皇帝存在著一種矛盾心理——他既是現代中國廣袤疆域的奠基者，但卻也是導致近代中國落後西方的始作俑者；歐美學界則著眼於對乾隆皇帝的身分背景與人生經驗對他所帶來的優勢與限制——一方面贊許其功績，另一方面又對其失誤能有一種同情的理解。

這點從該書在論及一七九三年的馬戛爾尼勳爵（Lord George Marcartney，一七三七至一八〇六年）使團訪問中國一事時，更能看出其與中國學界傳統的評價有所不同。過去中國學界對此一事件的敘述基本上以馬列主義的歷史觀為主軸，認為乾隆皇帝治下的中國正處於封建社會的高峰期，然而已顯露出中衰跡象，同時代的西方則經歷產業革命與資產階級革命的巨變，英國更挾其先進技術叩關中國。由於乾隆皇帝的自大心理與愚昧無知，導致中國損失了一個認識外部世界的大好機會。該書則指出乾隆皇帝當時事實上不僅熟悉西方地理，同時也清楚當時歐洲法、俄兩國內部的情勢，因此比較好的解釋是他事實上是故意展現他對於遠方的英國興致缺缺，因為當時的大清整體來說是一個和平且富有的國家，乾隆皇帝一方面年事已高，心有餘而力不足，此外似乎也沒有迫切的需要去了解西方。此外，作者的高足、現任美國西雅圖華盛頓大學歷史系助理教授馬世嘉（Matthew W. Mosca）的近作《從邊疆政策到對外政策：印度問題與清代中國地緣政治的轉型》中，[161]透過整合廓爾喀（今尼泊爾）方面的情報與馬戛爾尼勳爵在與英國本土的通訊中所表達的顧慮，說明了至少在馬戛爾尼使團訪問北京前後，清廷已經認識到英國在印度與廣州的勢力。只是受限於不同語文的信息在中譯上的整合有困難，以及清朝邊疆政策較為分權化的限制等，因此清朝對英國的認識仍屬有限，但並非如過去所想的對外界一無所知。

歐立德在結論中提到了乾隆皇帝所面對的五種矛盾：（一）乾隆皇帝以馴服蠻夷與殖民邊疆來解決國內逐漸惡化的人口問題，但是卻反而造成了環境退化，對後代造成負面影響；（二）乾隆皇帝雖然提高了人民的生活水準，但是在他治下的最後二十年卻也是官員腐敗最嚴重的時期；（三）乾隆皇帝雖然在口頭上強調滿漢一家，但是他的行為卻一直是偏向滿洲的；（四）乾隆皇帝雖然贊助了許多文化工程，但同時也有許多作品在這些工程中遭到毀棄或刪改；（五）乾隆皇帝努力維持帝國的統一，但這卻是以犧牲成千上萬的人命與文化多樣性為代價的。從歷史的後見之明來看，當代中國與十八世紀的清朝所面對的矛盾其實仍舊有相似之處（頁二四二至二四三）。該書作者認為乾隆皇帝最大的失敗是晚期寵信和珅，導致中央大權逐漸流入官員之手，皇權受到嚴重削弱。但是這並不能完全歸咎於乾隆皇帝，因為大一統國家中永遠存在著意欲集權的中央與試圖自治的地方兩者間的緊張關係。而這種緊張關係也同樣存在於當代中國，因此回顧清朝的歷史經驗也許有助於我們理解當代中國的問題並尋求對策。

二〇〇九年出版的《現代性的共有歷史：中國、印度與奧斯曼帝國》一書也許有助我們回顧清朝的歷史經驗。[162]該書由土耳其海峽大學經濟史與政治經濟學教授伊湖麗（Huri Islamo lu）與美國耶魯大學歷史系教授濮德培（Peter C. Perdue）主編。該書的主題是比較早期現代的大清帝國、奧斯曼帝國與莫臥兒帝國在現代化過程中的發展歷程。在邊疆政策上，該書認為與缺乏政策彈性的現代中央集權國家相較，前述三個歐亞帝國透過地方分權與協商而得以在邊疆政策上取得成功。即便在協商破裂後不得不訴諸武力，但是這些帝國皆未試圖壓制所有的反抗。換句話說，對這些皇帝而言，使用武力是為了迫使對手坐上談判桌並臣服在其權力下，而不是為了一勞永逸地消滅反抗者。

回到該書所討論的乾隆皇帝來看，例如雍正皇帝在西南苗疆推行改土歸流政策，引起苗人反抗。乾隆皇帝即位之初處理苗疆之變時，雖然不得不以武力平叛，但是亂平之後為了安撫苗人，他在當地實行較其父雍正皇帝寬容的政策，包括土地永不徵賦，並以苗例解決苗人爭端等等。此外在面對準噶爾問題時，乾隆皇帝最初也是設法與噶爾丹策零（Galdan Tseren，生年不詳，卒於一七四五年）談判並成功達成和平協議。雖然後來由於噶爾丹策零之死導致準噶爾內亂，使得和平協議失效，乾隆皇帝遂決定趁機以武力解決準噶爾問題，但如果沒有這個契機，乾隆皇帝很可能不會主動撕毀和平協議而冒險出兵征準。因此我們可以說，乾隆皇帝以武力所締造的大一統局面主要是政治上的，但是在治理多元民族上，仍然秉持因其俗不易其政的原則。這種靈活的治理模式有助於十八世紀的清朝因應國內的各種動亂。雖然限於篇幅，在此無法多做討論，但相信現代中國如何對待清朝在領土與政策的歷史遺產是一個重要的課題，值得我們進一步探討。

最後就譯文本身來討論。該書英文原版於二〇〇九年出版，在短短五年內中譯本就能夠面世，讓中文讀者能夠一窺西方學者眼中的乾隆皇帝，譯者們確實功不可沒。該書譯者的用心之處之一，在於加注了英文原版付之闕如的滿文與漢文詞彙。例如在講到滿洲民族的男性美德時，譯者便加注了滿文 *hahai erdemu*（頁九四）；談到清代外交禮節時，譯者加注了行跪禮的滿語 *niyakūrambi* 與叩頭的滿語 *hengkilembi*（頁一八六），等等。提及乾隆朝末葉的社會動亂與流動未婚男性時，譯者也在後者加注了清代檔案中常見的「光棍」一詞（頁二三〇）。其次是對書中的人名與地名加了許多譯注。例如在比較大清與英國的瓷器時，就替書中提及的英國陶藝家韋奇伍德（Josiah Wedgwood）與德國著名瓷都梅森（Meissen）（頁一九八）。至於原書英譯的引文，譯者也都費心查考，並還原為中文原文。用心程度可見一斑。

不過書中有幾處手民之誤仍舊有澄清的必要。例如書中第二一頁提及沙俄的羅曼諾夫（Romanov）王朝誤植為羅馬帝國；第九三頁提到的蒙古馬琴一般中譯為馬頭琴；第一二六頁圖中提及兩次廓爾喀戰役時，誤作廓爾喀；第二一二頁處提及頗羅鼐之子珠爾默特那木札勒誤植為珠爾默特那木所勒。第二五六頁提及朱誠如誤植為朱誠儒；第二六一頁提及博格爾的《空虛的帝國》與第二五八頁的白瑞霞之《虛靜帝國》實為同一書；Evelyn Rawski的中文名習慣譯為羅友枝，而非該書中用的羅有枝；而第二五九頁提及狄宇宙（Nicola Di Cosmo）誤作Nicola Di Cosma；最後第一〇四頁和一〇八頁述及轉輪王（chakravartin）與文殊菩薩（Mañjuśrī）兩者的梵文名稱時，有混用的情形。然而這兩者雖同為乾隆皇帝的形象，但並非同一神話人物的異稱。

總體而言，該書譯文尚稱忠實，且觀點新穎。對於想了解新近歐美學界如何看待乾隆皇帝與其時代的讀者而言，該書是相當好的入門書。對於現代中國形成過程中所面臨的挑戰與對策有興趣的讀者而言，該書所述及的歷史也許能夠帶來一些啟發。

原文曾見於〈新清史視角下的乾隆皇帝〉，《東方早報‧上海書評》二〇一四年六月二十二日。

清朝的情報搜集與邊疆政策的轉型

——從馬世嘉的近作談起

自二十世紀九〇年代初起發軔的美國「新清史」（New Qing History），作為一個比較鬆散的學派，近年來受到頗多關注。其焦點主要放在第一代的新清史學者如柯嬌燕（Pamela Kyle Crossley）與歐立德（Mark C. Elliott）等人身上，而忽略了新清史自身的新發展。特別是第一代學者所培養出來的學生也日漸嶄露頭角。而在這些第二代學者中，馬世嘉（Matthew W. Mosca）博士於二〇一三年出版的新書《從邊疆政策到對外政策：印度問題與清代中國地緣政治的轉型》（*From Frontier Policy to Foreign Policy*）正是所謂「新清史 2.0」的代表作之一。[163] 該書繁體中文版已於二〇一九年由臺灣商務印書館出版，譯者為羅盛吉。

馬世嘉於二〇〇八年獲美國哈佛大學歷史與東亞語言聯合學程博士，師承孔飛力（Philip A. Kuhn）、歐立德與濮德培（Peter C. Perdue），後曾於美國加州大學柏克萊分校與香港大學進行博士後研究，曾任美國維吉尼亞州威廉與瑪莉學院歷史系助理教授，現任西雅圖華盛頓大學歷史系助理教授。其研究興趣包括了中國與內陸亞洲史，主要關注大清帝國的對外關係以及清代地理與史學思想史。

該書主要處理兩大問題：（一）在一七五〇至一八六〇年之間，大清皇帝、官員與學者們如何看待大英帝國勢力在印度的崛起？（二）對此一局勢的了解又如何影響清代政策以便維護自身安全？該書鑑別了發生在這段期間的兩個主要變遷：一是大清政府在對外政策上存在從多元化的邊疆政策過渡到一元化的對外政策；二是清帝國內部的信息階序的變遷，即邊疆相關信息從初期由中央內廷獨占到後來在地方官員與學者間得以自由流通的情況。清帝國並非用政策上的差異來區分不同的邊疆，而是帝國自身對威脅的感受主導了對外政策的選擇。基本上清朝在十八世紀中葉平定準噶爾後，就認為自身的安全得到了一定程度的保障。

但為何清朝會相信在平定準部之後，自身的安全會得到基本保障？特別是此後發生了一連串國際重要事件：例如七年戰爭導致了英國東印度公司在印度掌握了主要地位、法國大革命與拿破崙戰爭對亞洲局勢的影響、以及英俄兩國在中亞的「大博弈」（Great Game），等等，這些都將清帝國外圍的國家與民族捲入當時歐洲帝國主義的擴張當中。但是清帝國卻沒有對周邊的局勢產生危機感。造成這種情況的關鍵在於清帝國的地理與地緣政治思想。在內亞邊疆上，大清與準部的領土相毗連，朝廷中也有許多出身滿蒙大臣嫺熟草原環境，因此在情報的搜集與追踪上相對容易。而在征服準部後，清帝國就將目標轉向於維持新領地的穩定與和平上，對於搜集外邦情報的熱情也降低了許多。大英帝國在亞洲的擴張及其威脅事實上比準噶爾更甚。為了此一威脅很有可能迫使清帝國放棄多元化的邊疆政策，而實行協作程度更高的一元化的對外政策。但是要認識到這樣的威脅需要對不同邊疆的信息進行同步分析，而這正是邊疆政策所禁止的取向，因此清朝實際上陷入了一種惡性循環。簡言之，清朝缺乏所謂的大戰略（grand strategy）考慮（頁九至十一）。

清代邊疆政策得以維持的原因有三。首先是清朝內部的科層責任制。一般而言，邊疆官員的奏報對於皇帝的世界觀有一定的影響力。然而大清皇帝一般又認為邊疆的穩定繫於封疆大員的能力上。若是邊疆發生亂事，責任主要會歸咎於疆吏的能力不足或舉措失當。因此基本上，疆吏多半會秉持大事化小的精神，盡量將遇到的問題視為小規模的地方性動亂，以避免獲罪。這不代表他們沒有意識到問題背後的意義，但是常常會有意無意地低估這些意義的重要性。而這種報喜不報憂的傾向，也限制了皇帝對於外界的了解。

第二、對大清皇帝而言，帝國邊疆可以被分為數個區域，而對這些邊區的管理則交由所屬官員利用當地所採得的情報與資源來達成。這種邊疆政策的極簡主義取向對大清政府這種小規模的官僚結構來說也很合適。

最後，這種制度上的區域劃分又被當時清代學術界的輿地學所強化，無論是官員或是學者，對當時的地緣政治知識都缺乏一個標準化的框架。這也不利於整合不同的區域知識。這種情況要到後來政策辯論的非官方渠道、戰略性挑戰的新意識，以及地理學的進步打破了邊疆政策的獨占後，清帝國才出現了首次將不同邊疆視為整體的對外政策。而在這三個重要因素中，重構清帝國的地理世界觀是最為困難的。因為這需要在不同的區域與學者團體間傳遞一致的地理認識，而這種認識又必須跨越不同語言與文化的障礙才能達成（頁十二至十五）。

大衛・摩爾根（David Morgan）曾經以中世紀波斯的例子將知識區分為一般知識（ordinary knowledge）與實用知識（practical knowledge）。一般而言，商人、水手或旅人對於關於外國情勢的實用知識更加豐富，但一般並未形諸文字，而這類知識也為一般清廷官員與學者所採用。然而對於前者所知的政經趨勢之一般知識卻缺乏管道為後者所用。

清代分析國外情勢的三種模式由三種不同的文類來決定：（一）操作型地理學，由官員訪談地方專家所得；（二）學術型地理學，由文人分析古今文本所得，通常出現在帝國方志中；（三）私家型地理學，由單一作者所寫成，內容涵括範圍可大可小，視作者的學問見識而定，而其受歡迎的程度也與時代環境息息相關。而在清代，上述三種形式的地理學並沒有任何一種能夠獲得普遍認可，而對外國地理有興趣的人也都會參考這三種材料，因此無法僅憑其中任何一種就能夠說明清朝的世界觀，因此必須綜合分析。因此而在這些不同形式的地理學中，透過分析當時的地理詞彙（其中又以地名為主），可以描繪出三者發展趨勢相同之處的輪廓，因為這是當時的官員與學者共同關注的焦點

（頁十五至十八）。

該書除前言與結論外，正文一共分為四個部分。第一部分「清帝國的世界視野」由第一章「許許多多的印度：清朝地理實踐中的印度（一六四四至一七五五年）」構成。

在第一章中，馬世嘉從湯瑪斯．孔恩（Thomas Kuhn）的科學史典範理論出發，說明清初的地理學就類似於其理論中的前典範科學（pre-paradigmatic science），充滿了各種互相抵觸與競爭的理論（頁三九）。不管是儒家《尚書．禹貢》中的九州島四海論、佛教中以須彌山為軸心的四大洲論、伊斯蘭教中以麥加為世界中心的論點，或是歐洲傳教士傳來的七大洲五大洋的理論，都無法找到一以貫之的世界觀來整合解釋。然而當清朝學者試圖弄清楚何者為真時，他們能仰賴的對象一般是本國商人、水手與旅人，但是這些人很可能吹噓自身經歷，而外邦人又被懷疑可能故意提供不實信息，因此雙方說法都無法輕信。到最後清代地理學者只好將各種異聞「姑錄存之，備參考焉」，導致了地理不可知論的產生（頁四二）。相較清代地理學以文本敘述為主，而西方地理學則以數學地圖製作為主，因此為了得出準確的位置與地名，西方發展出一套評估信息階序的系統，而引入經緯度系統則是西方地理學的巔峰，這是雙方最大的差異（頁四五）。

在這種世界觀的脈絡下，中國傳統上對印度的稱呼源自於梵文的*Sindhu*，這個詞被認為是《史記》中的身毒、後來又被天竺所取代，而佛教傳入中國後則引入了印度一詞（一般認為有東、西、南、北、中五印度）、滿蒙同源詞的厄訥特克（滿語*Enetkek*、蒙語*Enedkeg*）、源自藏語的甲噶兒（*Rgya-gar*）、源自察合台文的痕都斯坦（Hendustan）、明末耶穌會士引入的印第亞與莫臥兒源自波斯語的*Mughul*）（頁四七至四八）。另外利瑪竇（Matteo Ricci）為了區別大西洋與印度洋，而創造了小西洋一詞來稱呼印度洋，後來被陳倫炯的《海國聞見錄》所沿用（頁五十）。在漢語穆斯林著作中則習用源自波斯文的欣都斯塘（Hindustan）（頁五八）。自西藏進入大清領土的印度商人自稱來自大西天（頁六三）。上述諸詞構成了流行於清代與印度相關的稱呼。縱然這些稱呼的來源極度多元化且存在庫恩所言的不可共量性（incommensurability），但由於清初對於追踪印度的情報並無迫切需求，也因此能夠容忍這種不可共量性。這種情況直到一七五五年清帝國進軍準噶爾後才有所改變。

第二部分「打造多民族帝國：邊疆政策的極盛期」包括了第二章「征服新疆與『欣都

斯坦』的出現（一七五六至一七九〇年）」、第三章「圖繪印度：製圖學脈絡中的地理不可知論」，與第四章「發現『披楞』：從西藏看英屬印度（一七九〇至一八〇〇年）」。

第二章從「欣都斯坦」一詞的出現討論乾隆朝中葉對於印度認識的提升。在征服東突厥斯坦的過程中，當地和外國報導人提供的情報引起了清廷對於葉爾羌以南地區的注意。這些情報提供了北印度與莫臥兒帝國末年混亂的政情。對於熟悉印度作為佛教發源地的乾隆皇帝而言，這些可信度高的情報對他的世界觀構成了極大的挑戰。而他吸收這些信息的結果後來也反映在他的詩文當中。然而由於忽略了來自南方海疆的情報，「欣都斯坦」與印度的關聯仍舊是一大問題（頁七一）。

在第三章中，有別於之前對文本數據的分析，馬世嘉從清廷所製作的地圖來分析清帝國對印度的認識。清廷的地圖製作始於康熙年間，這些地圖的範圍不僅涵括了大清以外的國家，如阿拉伯、波斯與印度，同時也已經開始使用西方地圖常見的經緯度。然而前述的地理不可知論仍舊影響了清廷的地圖製作與接受效果。在有關清帝國治下的領土時，這些宮廷地圖所提供的信息被認為是具有權威性的；然而在描繪外國時，宮廷地圖的權威性則大為降低。清廷官員和學者僅有在查無其他相關材料時，才會參考這些地圖的相關信息，因此這些地圖僅僅被視為解釋外部世界的諸多版本之一，並不具權威性（頁一〇一至一〇二）。

第四章從廓爾喀之役與馬戛爾尼出使中國探討清廷對於英屬印度的了解。正當大清將注意力放在欣都斯坦時，大英帝國的勢力已經悄悄在印度半島上立穩腳跟。一七六五年，英屬東印度公司獲得莫臥兒皇帝的允許，能夠自己徵集與管理稅收，而且孟加拉國也在其實際控制之下。而這些情勢的轉變都未受到克什米爾與葉爾羌等地的注意。然而英屬印度距離西藏更近，而且孟加拉國也透過海路貿易與廣州有所聯絡。一七九一年廓爾喀二度入侵西藏，乾隆皇帝派兵平亂。基於情報與外交聯絡的需求，清朝將軍與位在加爾各答的英國總督取得聯繫。不久後，一七九三年英皇喬治三世派遣的馬戛爾尼使團在造訪北京時，馬戛爾尼本人已經預料到清朝對於東印度公司在印度的擴張有所擔憂，後來也有跡象顯示，最晚在一七九四年清廷已經知道東印度公司在孟加拉國的擴張及其在廣州貿易之間的關係。然而由於葉爾羌、西藏與廣州三邊的報導人在人名地名等用語上的不同，加上滿文、耶穌會士與中文在用詞上的差異，在情報整合上出現極大困難。這也導致清廷並未意識到大英帝國威脅的嚴重性，也因此這兩起事件並未成為清廷由邊疆政策過渡到對外政策的契機（頁一二七至一二八）。

在橫跨喜馬拉雅山鄰近地區的外交關係中，三世班禪扮演了重要角色。他與乾隆皇帝關係密切，同時也是英藏關係中的關鍵人物。自十八世紀六〇年代起，英方就希望能開通從西藏進入中國通商之路，並且期望透過三世班禪說服乾隆皇帝。而在英藏外交文書中，關於英屬印度的稱呼主要是波斯語 *Farangi*，該詞源自阿拉伯語對法國人的稱呼，在印度則用來稱呼歐洲人，藏語形式則從原本的外來語 *Phe-rang* 變成本土語 *phyi-gling*，意為外國人。西藏對於英屬印度的看法影響了清廷在廓爾喀之役中的官方用語（頁一二九至一三五）。

一七九三年英屬印度與清廷在廓爾喀之役中首次直接接觸。在此之前，一七九二年大清遠征軍指揮官福康安為了從尼泊爾的鄰國（其中也包括英屬印度的加爾各答）尋求支持，而向乾隆皇帝上奏，這也是「披楞」一詞首次出現在大清官方文書中。披楞其實是 *Farangi* 之藏語形式 *Phe-rang* 的漢文翻譯（頁一三九）。後來根據加爾各答方面的回覆與其他情報，福康安了解到尼泊爾以南的廣大地區原名甲噶兒，其中最大的國家由第里巴察（Delhi Padshah，即孟加拉國）所統治，第里巴察又受披楞（即英屬印度的加爾各答）所節制，而且與廣州有貿易往來。然而披楞與在廣州貿易的西洋各國之間的關係則不清楚（頁一四三）。後來在一七九三年七月清廷也得知披楞已經遣使（即馬戛爾尼使團）前往北京　見乾隆皇帝（頁一四六至一四七）。然而由於英方使節在相關文書中被稱為英吉利，並未提及披楞字眼，且原先其動機被認為是前來為乾隆皇帝八十歲大壽祝壽，因此清廷起初並未將馬戛爾尼使團與披楞連結在一起。但是後來透過尼泊爾方面的報導人提供的情報，清廷在馬戛爾尼使團訪問結束前已經認知到該使團代表的是西藏附近的鄰國，並且最遲至一七九六年，清廷已經認識到，在廣州貿易的英吉利人與統治加爾各答的披楞事實上是同一群人（頁一五六）。但由於披楞與英吉利的關係並未被清廷放在大英帝國的全球擴張脈絡下理解，因此並未對清廷造成如準噶爾一般的強大危機感，其地緣政治的世界觀亦未改變（頁一六〇）。

第三部分「過渡期（一八〇〇至一八三八年）」則由第五章「十九世紀初的英屬印度與清朝戰略思想」與第六章「在中國海岸發現英屬印度（一八〇〇至一八三八年）」組成。

第五章討論十九世紀大英帝國在亞洲的進一步擴張與大清的反應。一七九八至一八〇五年間，英屬東印度公司打敗了印度半島上最強大的對手馬拉地人（Marathas）後，英國在印度的勢力已經無人能挑戰了。在拿破崙失敗後，英國海軍在印度洋與中國海上也無人能敵。許多亞洲與歐洲國家當時都已警覺到英屬東印度公司的威脅，其中有部分也曾經向大清求援，然而大清卻置之不理，僅持續搜集相關情報而已。在印度與歐洲國家努力尋找盟友時，清帝國卻有意地避免與其他國家結盟，並且準備僅靠一己之力保護邊疆。如果要了解清廷的動機，有必要重建海疆、西藏與新疆眼中當時的清朝觀點（頁一六三至一六四）。

第六章探討一八〇〇至一八三〇年之間，清朝的邊疆政策與其對於拿破崙戰爭期間英國在亞洲的擴張不聞不問之間的關係。在這段期間，雖然清廷的對外政策並沒有顯著的改變，但是在正式的官方通訊以外，對於外界已經出現更為完善且靈活的看法，而這也逐漸動搖了清朝邊疆政策的基礎。在十八世紀的清朝，國家壟斷了對外政策的討論，然而一七九九年乾隆皇帝駕崩之後，清帝國的軍事史、方略與外國地理作品開始引起了漢人文士的討論。這也受到當時經世學風的影響。這些成果主要反映在阮元所編纂的《廣東通志》上（頁一九九至二〇二）。另外，西方地圖雖然在這個時期得到更加廣泛的利用，例如蔣友仁（Michel Benoist，一七三五至一七九六年）的《地球圖說》，但是清朝官員與學者仍然對其存有疑慮（頁二二二）。雖然當時少數清朝學者認知到大英帝國的擴張，但是他們相信這對大清威脅不大，只要大清斷絕和英國的貿易往來，英國就會屈服（頁二三〇）。十九世紀三〇年代由於鴉片問題被認為是白銀外流與銀價高漲的主因，而成為朝野與經世學者關注的議題。英屬印度作為鴉片產地也因此受到注目。而由於後來鴉片戰爭的影響，使得整合不同邊疆的情報日漸重要，因而促進了外國地名的標準化。這也為後來破除清朝的地理不可知論與對外政策的出現奠立了基礎（頁二三二至二三三）。

第四部分「對外政策及其局限」包括了第七章「鴉片戰爭與大英帝國（一八三九至一八四二年）」與第八章「對外政策的浮現：魏源與清朝戰略思想中對印度的再詮釋（一八四二至一八六〇年）」。

第七章討論鴉片戰爭的爆發與英屬印度的地位在清朝戰略中的提升。一八四〇年鴉片戰爭英國戰艦進入渤海灣，這也是自一六九〇年準噶爾蒙古大汗噶爾丹以來，再次有外國軍隊進逼北京。然而大清發現自己對於來自海上的攻擊，缺乏有效的反制能力。因此朝野大臣開始苦思應對之道。在各種反制方案中，英屬印度的重要性浮上台面。林則徐等人接受了外籍顧問的建言，認為英國地狹人稀，其財富與力量主要來自印度。因此若能切斷印度與英國的聯繫，英國的實力將大受打擊。雖然鴉片戰爭的範圍主要限制在南方海疆，但是清朝官員與學者的注意力逐漸轉移到英國在印度與阿富汗的勢力，並且思考應對之策。隨著新需求的出現，過去的戰略、官僚制度與地理思想也開始轉向（頁二三七至二三八）。

第八章討論鴉片戰爭結束後清朝對於英國戰略的轉向以及當中印度角色的轉變。一八四二年鴉片戰爭結束後，最早開始反思清朝地理與戰略困境的學者首推魏源。在他努力收集各種材料（特別是西人著作）的情況下，他才可能提出跨越清朝海疆與陸疆的對外政策，而這也打破了過去邊疆政策的地理與地緣政治設想，即地理不可知論以及進取的對外政策，利用所有潛在的戰略優勢以達成單一目標。到了十九世紀四〇年代中葉，思考清帝國在內亞的戰略位置時已經不能忽略英國與俄國帝國主義在當地的勢力。雖然魏源的進取主張遭到駁斥，但是防衛性地緣政治思想已經變得更加一致與集中。把各個邊疆視為彼此孤立的時代已經一去不返（頁二七一至二七三）。

結論以「在邊疆政策與對外政策之間」為副標，說明此一政策轉向在清史與歐亞歷史上的意義。一八四二年以後，清廷的邊疆政策已經破產，一八四六年英國在征服旁遮普後取得與大清劃定西藏邊界的權利。一八四六年廓爾喀再度警告大清，如果尼泊爾被英國征服，那麼英國將對西藏造成威脅。大清對此事的處理則標誌了從邊疆政策朝對外政策的轉向。駐藏大臣琦善在奏報秦噶嗶（Joseph Gabet）與古伯察（Régis-Evariste Huc）入藏經過時，首次確認披楞即英吉利。此後，即便大清在對外政策上採取守勢，但已經不能再忽略不同邊疆之間的政策協調需求。一八六一年總理衙門的設立就是例證，後來李鴻章與左宗棠對海防與陸防的辯論更說明了清朝大臣深刻理解到海疆與陸疆息息相關（頁三〇五至三〇九）。然而此後，大清在考慮其基本利益時，是否與所有臣屬與區域的利益相符合？又有誰能合法決定？這些群體的利益與愛新覺羅皇室的統治延續是重合或獨立存在？若後者為真，那麼在清帝國崩潰後，共同利益是否能夠用來強化原大清領土內部的統一？而這種希望是否又與對全球趨勢更佳的了解有所關聯？這些問題都是未來可以繼續研究的方向。可以說，發現英屬印度一事對於理解曾在清帝國治下的地區及其現代史而言，具有深遠的意涵。

在史料上，馬世嘉主要運用了美國哈佛燕京圖書館、大英圖書館、中國第一歷史檔案館與國家圖書館、臺灣中央研究院歷史語言研究所傅斯年圖書館與國立故宮博物院，及日本東洋文庫等處的檔案與圖書資料。涉及的研究語文包括了漢、英、滿、日、法、德、藏、蒙、波斯與察合台文等。這不僅延續了美國新清史第二代學者延續了使用多語種檔案以反映大清作為多民族帝國的研究旨趣，並且在深度與廣度上也有所提升。

在過去討論清朝對外關係的研究中，大清被認為是閉關自守且拒絕現代化的天朝，對於英國的富強一無所知。[164]然而作者在該書中透過整合廓爾喀方面的情報與馬戛爾尼在信件中表達的顧慮，說明了在馬戛爾尼使團訪問北京前後，至少大清在當時已經認識到英國在印度與廣州的勢力。即便這種認識還是相當模糊，且並未感受到英國的強大威脅，但大清對於外界並非一無所知。可以說，該書對之後研究清朝對外關係的學者提出了更高的要求。未來學界勢必得整合更多元的角度和材料去看待清朝的對外關係，才可能有更加全面的認識。

其次是有關魏源所繪製的地圖與其中的意識形態問題。該書封面的地圖取自魏源《海國圖志》中的地球正面全圖，其中溫都斯坦（今印度北部地區）被放在正中央。這樣的地圖繪製格局，與《山海輿地全圖》、《坤輿萬國全圖》等西方傳教士所製的地圖相較，似乎不盡相同。這是否反映了魏源重視印度的戰略思想而有意為之？抑或另有來歷？這也許是可以再作補充討論之處。

另外則是大清如何認識俄國的威脅問題。與英國相比，沙俄在更早之前就已經與清朝有往來，包括了戰爭、外交與商業關係。從康熙年間的中俄雅克薩之戰，到後來的尼布楚條約與恰克圖條約的簽訂，俄國已經證明自身與大清具有平起平坐的實力。在準噶爾蒙古被擊敗以後，俄國在滿洲、蒙古與新疆（雖有哈薩克與浩罕汗國作為緩衝）的勢力也都對大清形成包圍態勢，但為何俄國並未先於英國被大清視為威脅？這也是值得作者補充探討之處。

馬世嘉所謂的大戰略（grand strategy）也與過去的討論有所不同。該書認為大清在對外關係上缺乏大戰略的考慮（頁九至十一）。過去如江憶恩（Alastair I. Johnston）以明朝與蒙古和戰關係對傳統中國的大戰略所作的討論，[165] 也許會讓人認為作者是延續了江憶恩的主題。然而江憶恩與作者兩人所謂的大戰略其實並不相同。江憶恩討論的是傳統中國在面對戰爭的態度上，存在「不戰而屈人之兵」的哲學思想與「權變」的實際策略之間的落差。而作者討論的則是為了達成單一的全球戰略目標而協調不同邊疆的大戰略。

然而回顧歷代中國王朝之邊疆政策，不禁讓人想問，作者所總結的清朝邊疆政策特點是否存在於之前的中國王朝？

例如馬世嘉認為和英國相較，大清並不願意介入鄰國與他國的糾紛，除非該糾紛會波及其邊境的安全。同時也不傾向與他國結盟。這又可以從三方面來解釋：（一）在策略上，一方面可以防止大清被鄰國利用作為談判籌碼，另一方面也可以減少勞師動眾的機會；（二）從地理學來看，與大英帝國相較，清帝國去中心化的信息搜集模式也不利於獲取標準化的情報。而且在考證古今地名上的困難，也使得清朝官員在面對新地名的態度上更為被動；（三）從官僚體系上來看，英國的邊疆官員通常是鷹派，然而由於大清皇帝視邊疆動蕩為邊吏無能的象徵，因此清朝的疆吏通常更傾向於息事寧人（頁一九五至一九七）。

然而回顧傳統中國王朝的對外關係，與外國結為軍事聯盟似乎並不是一個禁忌的選項。例如漢武帝遣張騫通西域以制匈奴；唐代王玄策借尼婆羅與吐蕃兵擊天竺，及後來大唐聯回鶻以制吐蕃；兩宋之聯金滅遼與聯蒙滅金；明朝援朝抗日，以及後來援助察哈爾蒙古以便制衡滿洲等都是例證。而就算是在非漢民族建立的征服王朝中，大元也曾與伊利汗國聯盟，以便抗衡以盤據中亞的海都（Qaidu）為首之窩闊台、察合台及金帳汗國聯盟。[166]無論這些例子能否納入江憶恩所謂廣義的「權變」範圍，但都或多或少說明了無論在傳統中國王朝中或是征服王朝，與外國結為軍事同盟是可以被接受的策略。

因此，相較於傳統中國王朝與征服王朝的態度，可以發現大清在尋求外國同盟的態度似乎要來得保守許多。即便我們可以把乾隆皇帝拒絕馬戛爾尼請求視為傳統中國儒家影響的天朝上國姿態（雖然不無爭議），但後來的嘉慶與道光皇帝拒絕廓爾喀求援與聯盟要求之舉，則明顯與傳統中國與征服王朝不拒絕與外國結盟的態度有所差異。這種態度的發展與大清皇帝的現實政治考慮與對過往歷史教訓的借鑑又有何關聯？相信這是值得未來學界進一步研究的課題。

對前述問題的回答最終都會聚焦到對清朝歷史特殊性的討論。西方學界對近現代中國史分期的主要理論典範有三：早期現代（early modern）、晚期帝制（late imperial）與新清史。早期現代是從西方現代化理論來討論中國歷史，因此無論是費正清（John King Fairbank）的西方挑戰與中國回應論認為一八四〇年為中國現代史的開始、或是從馬克思主義出發以明末中國的資本主義萌芽為中國現代史的開始，這都是以西方歷史發展為參照所得的分期。[167]

而晚期帝制理論則強調從中國內部的發展來對中國歷史進行分期。這個理論也受到以內藤湖南為代表的日本學界所提出的「近世」概念與唐宋變革論所影響。從貴族制走向極權制，經濟中心的南移，商業的發達與都市化，以及理學興盛等特徵，這些學者認為中國社會在唐宋時期出現了巨大的轉型，因此宋代以降可以被稱為晚期帝制時期。這個理論後來也引起了許多細部爭議，但是基本上強調從中國內部發展的趨勢來對中國歷史進行分期的立場則沒有太大變化。[168]

然而在這三種分期框架中，唯有新清史是以中國朝代命名的，其寓意是清代在中國歷史上是一個特別的時期與政體，值得被區分出來進行討論。由於中國史作為世界史中的重要一環，清史對於世界史也就具有了顯著意義。第一代新清史研究在這方面已經累積了許多討論，包括了清朝的滿洲統治特性、在內亞的擴張，以及藏傳佛教對於清朝意識形態與邊疆治理的影響。[169]

過去新清史一向被認為是處理清代內亞相關的歷史，且主要關注的時期集中在十九世紀以前或二十世紀初的歷史。[170] 因此新清史強調使用非漢語材料的方法以及對內亞的關注，似乎對鴉片戰爭後的大清對英法等國的關係並未能提供有效幫助。然而與同為新清史第二代學者柯塞北（Pär Cassel）對討論中日領事裁判權的比較研究一樣，[171]該書將新清史討論的時段擴展到一八〇〇年以後至鴉片戰爭前後的清史。同時透過分析多語種的檔案與數據，從清帝國的陸疆與海疆信息搜集與理解的角度來討論清朝的對外關係，在討論的視野、議題與時代上都有所突破。因此該書可以說是二〇一三年最重要的美國新清史代表作，對於中國史、內亞史與世界史研究者來說，能夠有所啟發。

最後針對書中中英名詞對照表的幾個疏漏進行補充，例如第二五〇頁的 *xupo bing* 為敘坡兵，而 *landun wangjia bing* 為蘭頓王家兵。另外，該書若能附上詳細中文人名索引，與內亞及印度的細部古今對照地圖，將更有助於讀者的閱讀與理解。

原文曾見於〈評 Matthew W. Mosca, *From Frontier Policy to Foreign Policy: The Question of India and the Transformation of Geopolitics in Qing China*〉，《中國邊政》第一九八期（二〇一四年六月），頁四三至五五。

美國「新清史」的背景、爭議與新近發展

美國新清史作為一個源自二十世紀九〇年代初期，北美東亞學界受內亞研究影響所出現的鬆散「學派」，內部實際上存在著不小的多樣性。新清史學者主要運用新開放的漢文與非漢文（以滿文為主）檔案材料，質疑過去清史研究中的漢化（sinicization）理論。他們也強調滿洲人以少數的征服者之姿之所以能夠成功締造大清帝國的原因，在於他們能夠熟練採借與運用被征服的漢人與非漢人（主要為蒙古、西藏與突厥等內亞民族）的文化，但又同時能夠維持自身的族群認同。這種研究取向將清帝國視為同時具有傳統中華帝國與內亞帝國的特徵，並且將其與同時期的歐亞帝國（如俄羅斯帝國、莫臥兒帝國與奧斯曼帝國等）進行比較。[172]他們提供了一種由上而下的中央觀點，來觀察和理解晚期

帝制中國。

一般談美國新清史都會追溯到何炳棣與羅友枝（Evelyn S. Rawski）於二十世紀九〇年代末針對清朝統治成功之緣由的論戰。[173]過去中國與美國學界認為滿洲以少數族群之姿卻能統治廣土眾民的中國，認為是滿人成功漢化的結果，以芮瑪麗（Mary C. Wright）與何炳棣為代表，[174]然而羅友枝則認為是滿人成功維持自身身分認同並且強調了中國與內亞非漢民族之文化紐帶的結果。爭議癥結在於兩者間對漢化與中國的定義不同，這也使兩者之間的「論戰」變成一場「沒有交集的對話」。

在此我想強調的是，羅友枝的看法有其學術脈絡。柯嬌燕（Pamela Kyle Crossley）在回顧新清史的緣起時，特別強調冷戰期間美國中國學界主流費正清學派底下的潛流。[175]例如在耶魯大學有史景遷（Jonathan Spence）對於曹寅與康熙皇帝的研究，強調了滿洲文化對大清皇帝的重要性，[176]而李羅伯（Robert Hung Gon Lee）則強調滿洲地區對清朝政治的重要性。[177]雖然傅禮初（Joseph Fletcher）的研究興趣並非清朝本身，但他在哈佛大學開設滿文課，培養了一批學生，後來也成為新清史的主力。一九七九年，他在美國《清史問題》期刊上也提到未來清史研究需要注意的三個方向：（一）將清帝國視為整體，把關內與內亞邊疆整合分析；（二）注意中央政府的基礎，特別是君主；（三）滿學，研究滿洲皇帝建立了何種帝國及其目標為何。[178]後來的美國新清史研究發展也與其意見相合。印第安納大學的山繆・葛魯伯（Samuel Grupper）博士利用了滿、蒙、漢、藏文材料所做的大清皇帝崇拜大黑天（Mahākāla）的研究，展現了非漢語材料在清史研究中的重要性。[179]另外白彬菊（Beatrice S. Bartlett）的《君主與大臣》強調了滿奏摺在清史研究中不可替代的重要性。[180]另外也不應忽略的是新清史作者中對族群與文化理論的運用。這也是隨著中國改革開放後，自一九八〇年代起美國學界開始重視中國族群研究與田野調查，到了一九九〇年代開花結果。例如郝瑞（Stevan Harrell）主編的《中國民族邊疆的文化相遇》（一九九四年）一書可視為代表。[181]這些都是美國新清史興起的重要內部背景。

另外，美國新清史也受到日本、臺灣與中國當時對於清代滿文檔案的整理與研究的風氣所影響。例如歐立德（Mark C. Elliott）就曾經遠渡重洋，向日本的岡田英弘、臺灣的陳捷先和莊吉發，以及中國的王鍾翰等著名學者學習與交流。[182]

關於美國新清史的代表作與特徵，一般都以蓋博堅（Kent Guy）的綜合書評中所介紹的滿學「四書」為代表。[183]這四本書分別是羅友枝的《清代宮廷社會史》、[184]柯嬌燕的

《歷史透鏡》、[185]路康樂（Edward J. M. Rhoads）的《滿與漢》，[186]以及歐立德的《滿洲之道》。[187]衛周安（Joanna Waley-Cohen）二〇〇四年以新清史為題的綜合書評也提到了前三本書。[188]另外像該文所提到的米華健（James A. Millward）的《嘉峪關外》、[189]菲利普・弗瑞（Philippe Forêt）的《圖解承德》、[190]何羅娜（Laura Hostetler）的《清朝的殖民事業》、[191]白瑞霞（Patricia Ann Berger）的《虛靜帝國》、[192]還有米華健等人合編的《新清帝國史》、[193]司徒琳（Lynn Struve）編的《世界時間與東亞時間中的明清變遷》兩卷、[194]濮德培（Peter C. Perdue）的《中國西征》、[195]柯嬌燕、蕭鳳霞（Helen F. Siu）與蘇堂棟（Donald S. Sutton）等人編著的《帝國在邊陲》、[196]張勉治（Michael G. Chang）的《馬背上的朝廷》，[197]以及歐立德的《乾隆帝》等等。

由於相關書評甚多，我在此僅簡單整理一下：柯嬌燕、歐立德與路康樂的書主要處理的是清代滿洲的族群性問題。羅友枝的書處理的是清朝宮廷制度中的滿洲特色。《圖解承德》與《新清帝國史》則探討承德作為清朝經營內亞的樞紐地位。《嘉峪關外》探討新疆如何從大清帝國的邊疆變成中國整體的一部分。《中國西征》談的則是清王帝國、準噶爾汗國與沙俄在內陸歐亞的爭霸與其歷史意義。《虛靜帝國》分析清帝國製作的佛教圖像、經典與建築，揭示了藏傳佛教在建構清帝國權威中的重要性。《清朝的殖民事業》則探討清朝如何利用地圖學與民族志來遂行其殖民事業。《帝國在邊陲》則是由歷史人類學者與新清史學者合作，他們同時質疑了漢化概念的適用性，並且描繪了漢人與非漢族群如何構建身分，以及如何跨越由這種身分所帶來的地理、族群與法律邊界與限制。《馬背上的朝廷》則發掘清帝南巡活動中的滿洲特色，視其為清朝構建統治合法性和改造傳統政治文化的舉措。《乾隆帝》則可算是第一本從美國新清史的視角來寫的清朝皇帝傳記，該書強調了乾隆皇帝與同時期歐亞帝國君主之間的共同點。

另外賈寧對於清代理藩院的研究、[198] 艾騖德（Christopher P. Atwood）對清帝國臣屬表示謝恩與效忠修辭的研究、[199] 鄧津華（Emma J. Teng）的《臺灣的想像地理》一書對清代臺灣民族志圖像與遊記中的殖民論述研究、[200] 艾宏展（Johan Elverskog）的《我們的大清》一書對大清以佛教治蒙政策的反思等等，[201] 也都與新清史相關。

簡單小結，第一代新清史有兩種取向，一種是視大清為內亞帝國，強調滿洲統治者的族群本位立場，與過去的中國傳統王朝與征服王朝作縱向比較，以歐立德與張勉治等人為代表；另外則是把清帝國與其他早期現代歐亞帝國作比較，強調同樣影響同時期其他歐亞帝國的歷史因素（例如重商主義、白銀資本、火炮武器與製圖技術等）以進行橫向比較，以何羅娜、米華健和濮德培等人為代表。第一代新清史學者的研究時段主要集中在清代中期以前與晚清，對於嘉慶道光朝的情況著墨較少。在材料上強調非漢文史料與漢文對照的重要性，但真正多半使用非漢文材料的研究有限，另外研究主題多局限於族群、帝國、殖民與邊疆等議題上。

新清史提倡將清朝置於同時期的歐亞帝國中進行比較的取向，也得到其他領域學者的響應。例如一九九八年六月發行的《國際歷史評論》（*The International History Review*）第二十卷第二期以「比較帝國：滿洲殖民主義」為題的專號算是較早採取這種取向的嘗試。另外還有二〇〇九年出版的《現代性的共有歷史：中國、印度與奧斯曼帝國》就是這種取向的研究成果代表。[202] 該書出土耳其海峽大學（Bo aziçi University）經濟史與政治經濟學教授伊湖麗與美國耶魯大學歷史系教授濮德培主編，收錄了大清帝國、莫臥兒帝國與英屬印度史家的十篇論文。透過比較早期現代的歐亞諸帝國，挑戰了現代性與世界體系理論對於世界史的二分概念，即現代歐洲與前現代的非歐洲史在發展軌跡上的不可調和性及前者的優越性。例如國家的中央集權程度被認為是衡量現代化的重要標準，即一個國家越中央集權，現代化的程度就越高。但是該書就挑戰了這樣的標準，並指出早期現代的大清帝國、奧斯曼帝國與莫臥兒帝國三者在透過分權與協商而在邊疆政策上取得的成功，恐怕就不是缺乏彈性的現代中央集權國家容易取得的。另外，該書也質疑了過去對清朝的專制印象，並指出清朝官員事實上透過授權許多非國家機構的方式以遂行有效統治。透過這樣的比較也展現了大清帝國、莫臥兒帝國與奧斯曼帝國在十八與十九世紀時事實上是各自走著不同的現代性道路，而非效仿歐洲模式。同時該書也否認這些國家在當時無力實行改革以嚮應內外挑戰而逐步走向衰微的說法。例如清朝在建構現代國家的過程中，就試圖透過穩定邊界、稅收效益的極大化、與積極建軍的作法以應付對外戰爭與內亂。

另外東南亞史學界也對新清史所提出的歐亞歷史比較取向有所回應，主要代表是密西根大學歷史學教授李伯曼（Victor Lieberman）的兩大冊《形異神似：全球背景下的東南亞（約九世紀至一八三〇年）》。[203] 對話的對象是濮德培。李伯曼觀察到，在九至十九世紀之間，歐亞大陸與東南亞地區存在相似的發展歷程，即各個政體在政治上的整合度越來越高，結構也趨於穩定。氣候變遷與國際戰爭頻發則是導致這種發展趨勢的主要原因。

關於美國新清史在東亞學界的反響，在中國學界，最早引介新清史滿學四書的應該算是定宜莊在二〇〇二年發表在《滿族研究》上的〈美國學者近年來對滿族史與八旗制度史的研究簡述〉一文。[204]必須注意的是自二〇〇三年起中國的清史編纂工程也開始啟動。之後雖然有一些比較零星的介紹，例如孫靜與孫衛國對於歐立德《滿洲之道》一書的評介，但並未引起廣泛反響。[205]談到系統性的引介與回應，大概要以劉鳳雲與劉文鵬合編的論文集《清朝的國家認同》以及劉鳳雲、董建中與劉文鵬編的會議論文集《清代政治與國家認同》為代表。[206]此後關於新清史的關注與批評逐漸白熱化。自二〇一五年李治亭在《中國社會科學報》上將美國新清史比喻為「新帝國主義史學」的批判出版，算是這波批評的高潮，也成為了輿論界所關注的焦點。[207]另外包括二〇一五年四月到六月間姚大力與汪榮祖在《東方早報．上海書評》上一系列關於新清史的激烈論戰。[208]

少數中國清史學者與思想史學者學者呼籲對新清史可以批判性的接受，例如楊念群呼籲調和傳統漢化論與新清史，認為清史研究若要走出第三條道路，便應該摒棄狹窄漢化論中的民族主義成分，同時也拒絕用凸顯滿洲族群性的方式去解構中國傳統歷史的敘述邏輯，而是兼採兩家之長以尋求新解釋。[209]葛兆光也認為新清史對他從周邊看中國的研究取向有所啟發。[210]中國蒙元史學者對新清史的接受度似乎較高，如姚大力與沈衛榮等人將蒙元史與美國新清史作比較，並且試圖去回答何謂元代中國的性質問題。[211]

然而直接或間接駁斥新清史相關的文章數量明顯較多。批評者如汪榮祖認為清朝並非新清史所稱的「內亞帝國」，其核心仍然是漢地；而且新清史把清朝的擴張與西方帝國主義國家相比擬，認為清朝的對外戰爭是殖民擴張，這個比喻也有問題。另外還有批評新清史的政治立場問題，認為新清史學者否認清朝就是中國，為分離主義者的主張提供正當性，有政治意圖。[212]黃興濤批評新清史過度強調清朝滿洲人對本族群的認同，而忽視了他們對中國與大清的認同。[213]另外，曹新宇和黃興濤反對新清史學者主張中國自清朝起才被西方人視為帝國的論斷，認為至少自明朝起就已被西方人視為帝國。[214]劉文鵬批評新清史所謂的內亞視角，不僅在範圍上不夠明確，而且將原本作為地理和文化概念的內亞化為政治實體，造成內亞與中國在概念上的錯誤二分。[215]沈衛榮從藏學和藏傳佛教學者的角度出發，批評新清史學者對清代藏傳佛教的理解不深，而且多半是仰賴前人研究成果，缺乏原創。[216]另外還有如楊珍批評非漢文檔案的局限性；[217]徐泓主張必須拒斥新清史以維護中國歷史學界話語權與中國歷史主體性；[218]鍾焓與李勤璞質疑新清史學者的語言與研究程度等角度入手，不一而足。[219]雖有胡祥雨、哈斯巴根的近作與新清史對話，[220]但整體而言中文學界宣稱採用新清史取向的研究仍舊極少，多半是引介性作品。可以說，美國新清史對兩岸清史學界的影響是「雷聲大，雨點小」。

中國學界的批評聲浪也引起了國外學界的注意，並試圖進行更廣泛的了解。例如《當代中國思想》（*Contemporary Chinese Thought*）第四七卷第一期（二〇一六年）便以「近年新清史在中國的論爭」為題出版專號，收錄了李治亭、李愛勇、章健與楊念群四位中國學者相關論文的英譯，並由澳門大學歷史系助理教授康言（Mario Cams）導讀。美國賓州的阿勒格尼學院（Allegheny College）副教授伍國在他對新清史的綜述論文中提出了三點新清史對中國研究的貢獻：一是統一而無可爭辯的漢化論題不再是一種排外且絕對的史學詮釋框架；二是新清史引起了對「中國」與「中國人」等概念的論辯，但中國學者所主張具包容性的廣義「中華民族」概念，應當得到美國學者的重視；三是清朝被視為一個帝國來研究，並且為重新構建作為統一多民族國家的中華民族提供了基礎。[221]而南京大學政府管理學院特任教授、美國德州大學奧斯汀分校歷史系教授李懷印則批評美國新清史學者僅關注清朝的滿洲菁英、規章制度、意識形態與治理方式，忽略了清朝的地緣戰略與財政構造。因此他從這兩方面，重新審視清朝國家的形成路徑，並認為清朝地緣戰略歷經了從被動回應到積極防禦，再轉為保守妥協的三個階段。認為清朝的核心關注仍舊放在內地各省，並非邊疆與內地並重。他更反駁新清史學者視大清為帝國的說法，認為大清並非傳統軍事帝國，亦非近代主權國家，而是在兩者之間的「疆域國家」（territorial state）。[222]

美國新清史的相關學者也前往中國交流演講，或在網路或報刊雜誌上撰文，試圖澄清兩岸學界對新清史的誤解。例如定宜莊與歐立德在二〇一三年所合寫的〈二十一世紀如何書寫中國歷史：「新清史」研究的影響與回應〉一文，就指出新清史內部主張存在不小的差異，並說明新清史實為學術理論，並無政治陰謀，與二戰前日本學者主張的「滿蒙非中國論」不同，且並未主張清朝非中國。[223]另外二〇一六年十月底在北京師範大學所召開的一次名為「歷史中國的內與外」座談會上，包括歐立德、汪榮祖、葛兆光，以及劍橋大學人類學系副教授寶力格（Uradyn E. Bulag）都在座。後來部分發言稿也已經發表在《探索與爭鳴》二〇一八年第六期。[224]在會場上與會後的訪談中，歐立德也澄清道，新清史的學術脈絡除了日本與歐美的研究以外，其實也包括中國的研究傳統，而新清史的研究目的是提供另外一個角度來看待中國歷史，本身也沒有分裂中國的政治企圖。[225]二〇一七年米華健到上海開會接受採訪時，也對新清史和與他相關的類似誤解作了解釋和澄清。[226]柯嬌燕則在她的個人網站上對於鍾焓等學者的批評與誤讀做了回應與辯駁。[227]但截至目前為止，這類澄清似乎收效不大，類似的質疑在中文學界仍舊存在。而且從網路上的討論看來，對新清史的批評已成為宣泄民族主義情緒的出口，短期內沒有消失的跡象。

任何學術思想的傳播與接受或多或少都伴隨著誤解與爭議。但新清史在中國的情況加上了政治與民族主義情緒，使得這類爭議更加難以釐清。袁劍曾經分析過美國新清史在中國被誤讀為「分裂史」的原因，其中包括了新清史研究中不存在中國清史與近代史學界在解釋清史時所具有的傳統中國王朝正統、現代化與民族復興等意識形態與研究典範，因此格格不入，而且又加上新清史引介入中文語境時並不完整等因素。[228]在這裡我無意糾結於這些爭議上，只能建議有興趣的讀者直接閱讀新清史學者的英文原作，而非僅止於閱讀相關的中文引介或爭論文章。柯嬌燕的舊作《孤軍：滿人一家三代與清帝國的終結》以及對歐立德有所影響的日本東洋史家岡田英弘之學術文集《從蒙古到大清：遊牧帝國的崛起與承續》（モンゴル帝国から大清帝国へ）之繁體中文版皆已出版。[229]另外，濮德培的《中國西征》繁體中文版也正在緊鑼密鼓籌備中。這些都能提供中文讀者更多認識新清史的管道。

新清史在臺灣的清史學界其實沒有受到太多的追捧，更多的是像何炳棣的學生支持其立場。批評者除了前述的汪榮祖、徐泓等學者以外，還包括了國立中正大學歷史系副教授甘德星與中央研究院近代史研究所副研究員吳啟訥。[230]部分研究清史與滿文文獻的學者接受度也許較高，但整體而言討論並沒有像中國學界那麼熱烈，相關學者包括了國立臺灣師範大學歷史系教授葉高樹以及國立臺北大學歷史系副教授林士鉉。反倒是在清代臺灣史與藝術史領域較主動與新清史對話。前者有中央研究院臺灣史研究所副研究員林文凱試圖從清代臺灣地域社會史為出發點與新清史和華南學派對話，而後者則包括了國立清華大學歷史研究所副教授馬雅貞與中央研究院近代史研究所副研究員賴毓芝的研究。[231]另外如中央研究院近代史研究所研究員賴惠敏與巫仁恕也參與到清帝國與奧斯曼帝國的消費比較研究中。[232]

新清史在日本的反應也不是特別熱烈。根據岡田英弘的概括，日本學界在研究取向上存在著「清代史」與「清朝史」的分別。清代史指主要以漢文史料為基礎，側重社會經濟史，強調明清連續性的研究取向，這些學者多自稱為明清史研究者；而清朝史則指主要依靠滿語史料，側重清初特別是入關前政治史和制度史，強調滿洲國家特性的研究取向，這些學者多數也自認是滿洲史研究者。[233] 近年來，清朝史研究者則在歐亞大陸歷史進程中探討清朝國家特質方面取得了長足進展。某些學者提出用大清帝國史取代清朝史來概括這種新的進展。其理由一是清的正式國號是「大清」（*daicing gurun*），是二字國號，包含著蒙古時代以後，國家的規模、形態發生改變的含義；二是為了避免某某朝這一用法帶有中國歷代王朝的印象，而著力突出歐亞大陸東部的大清帝國這一特點。早期代表學者有神田信夫、岡田英弘、中見立夫等，而與美國新清史較有關係的正是以清朝史為代表的新晉學者，以杉山清彥為主，[234] 另外還有研究清朝與中亞國家關係的小沼孝博與研究清俄關係的野田仁。這幾位與美國新清史學者的交流較為廣泛。不過就我的觀察，美國新清史研究對日本清史學界的影響仍屬有限，主要還是以個別學者之間的往來交流為主。

新清史在韓國與中國香港的呼應者也不多。在韓國以高麗大學民族文化研究院滿學研究中心為主，代表人物為金宣旼（Seon Min Kim）、李勳（Hun Lee）與李善愛（Sun Ae Lee）等。金宣旼的代表作《人參與邊地：清朝與朝鮮的領土邊界與政治關係》於二〇一八年發行。[235]新清史在中國香港，則以香港大學中國研究學程的助理教授金由美（Loretta E. Kim）為主，她的研究主題為清朝的東北邊疆政策與東北五族（達斡爾、錫伯、鄂倫春、赫哲與索倫）的認同，其代表作《民族之蛹：中國的鄂倫春族與清朝邊政的遺產》已於二〇一九年五月發行。[236]

新清史在蒙古國的反應很小，以蒙古國立大學歷史系專研清代蒙古史的奧雲札爾格勒（Ochir Oyunjargal）與美國新清史學者交流較多。這也許是由於蒙古國本身的史觀更為激進之故，在蒙古國的主流歷史敘事中，清代蒙古人其實同時受到雙重殖民：即滿洲人的政治殖民與漢人的經濟殖民。[237]在這種情況下，新清史的主張對蒙古國學者的衝擊也許相對要來得小。前面提到部分學者否認清代中國對內亞實行殖民統治一事，但在蒙古國的歷史詮釋中，清朝被視為殖民政權是毫無疑問的。

前述對美國新清史第一代的批評，除了政治性的攻擊爭議較大以外，其他都有可以思考的空間，但如果我們把新清史視為一個學派，就應該注意其自身的發展與調整。新清史第二代（或稱新清史2.0）學者在語言工具的掌握、研究時段和主題的擴展上，都有所突破，也在某種程度上響應了前代的不足。例如在研究時間斷限上延伸至嘉道年間與鴉片戰爭，在題材上除了延續傳統的族群與邊疆議題外，也涉及了外交史、環境史、商業史與法制史等領域。

以下我會簡單介紹新清史第二代的學者。這裡僅列出取得博士學位並取得教職或研究職位的學者，而且不涉及該學者對新清史的自我認同。

在美國本土任教的有密西根大學安娜堡分校歷史系副教授柯塞北（Pär Kristoffer Cassel），其研究主題為治外法權在中日兩國發展的比較史，其博士論文經修改後以《審判的理據：十九世紀中國與日本的治外法權與帝國權力》之名於二〇一二年出版。[238] 該書討論治外法權（即領事裁判權）在中日兩國的發展，並且認為清朝的治外法權觀念緣起於處理不同民族法律訴訟的理事同知制度。

西雅圖華盛頓大學歷史系助理教授馬世嘉（Matthew W. Mosca），其研究主題為清朝對印度的認識與其戰略思考及對外政策的轉變。其博士論文經修改後以《從邊疆政策到對外政策：印度問題與清代中國地緣政治的轉型》之名於二〇一三年出版。書中透過整合廓爾喀（今尼泊爾）方面的情報與馬戛爾尼勳爵在與英國本土的通訊中所表達的顧慮，說明了至少在馬戛爾尼使團訪問北京前後，大清已經認識到英國在印度與廣州的勢力。只是受限於不同語文的信息在中譯上的整合有困難，以及清朝邊疆政策較為分權化的限制等等，因此清朝對英國的認識仍屬有限，但並非如過去所想的對外界一無所知。[239]

另外還有南衛理公會大學（Southern Methodist University）歷史系助理教授克禮（Macabe Keliher），研究主題為清入關前禮制與政治秩序的建立，其博士論文修改後以《禮部與清代中國的形成》於二〇一九年十月由加州大學出版社出版。[240] 他的下一部專著主題為滿洲軍事集中化與早期現代中國的帝國轉型。其次，喬治華盛頓大學歷史系助理教授許臨君（Eric T. Schluessel）研究一八七七至一九三三年間新疆的日常政治。其博士論文修改後，預計於二〇二〇年十月以《陌生人的土地：清屬中亞的文明化工程》之名由哥倫比亞大學出版社出版。[241] 另外還有耶魯大學東亞研究委員會（Council on East Asian Studies）博士後研究員大衛・波特（David C. Porter）研究清代八旗史，他主張與其將清代八旗視為一種族群制度，不如視其為一批服務菁英（service elite），也就是一種為帝國提供軍事與行政服務、且具有世襲政經和法律特權的多民族種姓。這樣將更有助於學者將八旗與其他早期近代帝國的類似制度進行比較。[242]

另外還有一部分學者不在美國本土任教，例如澳洲雪梨大學歷史系高級講師布戴維（David Brophy），其研究主題為清末民初維吾爾民族主義的起源與發展。而喬治城大學卡塔爾分校埃德蒙·沃爾什外交事務學院助理教授歐楊（Max Oidtmann，曾用中文名歐麥高），利用滿、漢、藏文檔案探討清朝制度（諸如金瓶掣籤制度與大清律例）在晚清的甘肅與安多當地的滲透。其博士論文探討清代金瓶掣籤制度的第一部分已於二〇一八年由哥倫比亞大學出版社出版。

前面對美國新清史第二代學者的介紹肯定是掛一漏萬的。不過值得一提的是二〇一二年下旬由一群對滿文與滿洲研究有興趣的學者在美國所成立的滿學研究群（Manchu Studies Group）。這個研究群規模不大，不過有許多美國第二代新清史學者以及來自其他國家的相關學者都加入了這個研究群。而過去美國的滿學期刊《喜鵲》（*Saksaha: A Journal of Manchu Studies*）自二〇一四年起，也移交給滿學研究群來主辦。有興趣的人也可以透過瀏覽它們的網站來認識這些新一代學者的背景與研究。[243]

以下我想談談二〇一六年以降的新清史新進展。其特點之一反映在清代新疆史領域上，其特色是從跨國族群網路與全球比較觀點，運用多語種史料，重新評估新疆的歷史發展。例如科羅拉多大學博爾德分校歷史系助理教授金光明（Kwangmin Kim）出版的新作《邊地資本主義：突厥斯坦產品、清朝的白銀與一個東方市場的誕生》利用了滿、漢、維吾爾與俄文材料，主張清朝統治新疆的成功在於聯合當地的回部貴族伯克（beg）。[244] 美洲白銀以清朝賞賜或薪俸的形式流入新疆，扶助回部貴族取得優勢地位。而回部貴族則利用這些政治優勢與白銀資本，雇用當地人成為勞工，生產當地的特產（包括玉石、馬匹、牲畜、棉花與穀物等）供應貿易市場以牟利，扮演類似西方資本家的角色，跟英屬印度治下的當地貴族地主所起的作用類似。金光明引用法國年鑑學派史學家布勞岱爾對資本主義的廣義詮釋，稱此為「邊地資本主義」，也是全球資本主義許多不同形式中的一種，而這也是作為一種脫離以歐洲中心的資本主義發展史的敘事。而且可以修正過去學界強調漢人移民與駐軍等外來因素來解釋清朝之所以能成功治理新疆的說法。

另外一部相關的新作則是澳洲雪梨大學現代中國史講師布戴維（David Brophy）的《維吾爾民族：俄中邊疆的改革與革命》。[245] 該書徵引了滿、漢、俄與察合台文檔案，探討新疆使用突厥語的穆斯林在十九世紀下半葉至二十世紀上半葉如何在俄國、中國與奧斯曼土耳其帝國三方的影響下，形成了今日的維吾爾民族。十九世紀末以追求啟蒙與現代化文明為號召的扎吉德主義（Jadidism）廣泛流行於俄國突厥系穆斯林當中，並且透過這個跨國網路傳入中國新疆與奧斯曼土耳其境內的突厥系穆斯林，以此作為共同抵抗歐洲帝國主義的連結紐帶。傳統中國學者將扎吉德主義視為泛伊斯蘭主義與泛突厥主義的展現，但該書認為事實上它是一種特殊的泛亞洲主義。但是讓維吾爾民族作為獨立的政治實體並不符合中俄兩國的利益。因此一直要到一九三四年盛世才與蘇聯合作鞏固在新疆的統治後，在蘇聯式的民族概念傳入下，新疆的維吾爾民族之名才得以確立。該書的特點在於透過對中、蒙、俄、土四方材料的廣泛使用，把當時的跨國突厥系穆斯林社群網路，以及這個網路在形塑維吾爾民族過程中的作用加以說明，有助於學界從跨國的綜合角度對這段歷史有整體認識。

另一種新進展則是與環境史取向的結合。華盛頓和李大學（Washington and Lee University）歷史系副教授貝杜維（David A. Bello）的新作《越過森林、草原與高山：清代中國邊地的環境、認同與帝國》就反映了這種取向。[246]該書利用滿漢文材料，討論滿洲（森林）、內蒙古（草原）和雲南（高山）三種生態環境與當地民族之交互作用，聚焦於人類與動物之間的關係，揭示清帝國如何形塑不同邊地的族群認同。諸如滿洲的代表動物為獵物；內蒙的代表動物為牲畜；雲南的代表動物主要是以蚊蚋傳遞的吸血寄生蟲。而代表滿洲認同的騎射透過打獵維持，清廷以八旗制度管理之；蒙古人在草原上透過牲畜維持生存，清廷以札薩克制治理之；雲南土著則以瘴氣瘧疾守護自己的主動性，清廷以土司管理之。而漢人領域的代表則是農地與穀物種植，清廷以郡縣制度治理之。該書的特點在於將清代族群認同的形塑與生態環境、生計方式與行政制度連結在一起，有助學界發展更具整合性的分析架構來討論清帝國如何形塑其環境與族群認同，並且注意到漢人認同中農業開墾及其對環境的強大改變能力所起的作用，以及清帝國內部的不和與衝突很大一部分是起因於漢民農業墾殖擴張到邊地的結果。

此外印第安納大學布魯明頓分校歷史系副教授謝健（Jonathan Schlesinger）於二〇一七年出版的新著《皮草妝點的世界：清朝治下的野物、淨土與自然邊緣》也是這波浪潮的代表之一。[247] 該書主要利用北京、臺北和烏蘭巴托三地典藏的滿、漢、蒙文檔案，為讀者展示了另類的清代中國環境保護史。清朝的開疆擴土奠定了現代中國的版圖，但伴隨而來的是內亞邊疆的自然資源遭受了前所未見的破壞。這種破壞主要是東珠、毛皮與蘑菇等物產的大量採集所造成的。此舉除了應付大清皇室的需求以外，背後也有商業利益的驅動。到了十九世紀初，東北河流中的珠蚌已經了無踪跡；採集蘑菇者對蒙古草原造成破壞；北方森林中的毛皮動物在獵人捕殺下瀕臨絕種。清朝統治者對此大為震驚，因此推行了所謂的「淨化」運動，試圖恢復關外「純淨」（滿文：*bolgo*）的原始狀態。具體舉措是對盜採活動、漢人移民和貿易進行控制。而清廷所保護的「自然」，其實是一種將環境保護與統治論述結合的新發明。值得一提的是，該書獲得了二〇一九年由美國亞洲學會所頒發的列文森獎（一九〇〇年以前）（Joseph Levenson Pre-1900 Book Prize），這也顯示了作者的研究受到了美國學界的高度肯定。

另外的新進展則是延續過去第一代新清史對清朝殖民主義的關注，探討清廷對其屬民文化的介入與改變，而且注意到與前朝舉措的連續性。例如喬治城大學卡塔爾分校埃德蒙·沃爾什外交事務學院助理教授歐楊於二〇一八年出版的著作《金瓶鑄就：大清帝國與西藏活佛轉世政治》（*Forging the Golden Urn: The Qing Empire and the Politics of Reincarnation in Tibet*）就反映了這個取向。[248] 該書為其博士論文的第一部分。該書利用滿、漢、藏文檔案，探討清朝如何使境內的藏傳佛教信眾接受外來的金瓶掣籤制度。該書受于爾根・奧斯特哈默（Jürgen Osterhammel）對殖民主義的研究所啟發，將殖民主義視為一種將帝國中心的優越性合法化以及解釋帝國屬民之間差異的觀念。明代後期，創掣籤法以便能公正銓選官員，杜絕請托。而一七九二年第二次廓爾喀之役後，乾隆皇帝為了杜絕拉穆吹忠的薩滿神諭控制活佛轉世，確保活佛轉世的公正穩定，因此在《欽定藏內善後章程》中，提出了以金瓶掣籤確認活佛靈童的做法。這樣的做法雖然最初受到了格魯派高僧與蒙藏貴族的懷疑與抵制，且未能完全根絕拉穆吹忠在尋找活佛靈童中的應用，但是由於此舉加強了西藏甘丹頗章政府的集權與正當性，因此最終獲得藏傳佛教徒的接受，並成為廣泛施行的定制。該書也注意到在清朝與佛教的聯盟並非前無古人，唐朝與明朝兩代都有先例。不過金瓶掣籤在清代並不被視為衡量清朝治理藏傳佛教徒合法性的晴雨表，直到當代才透過中央政府立法將活佛轉世合法化，並且將金瓶掣籤賦予了主權意涵。值得一提的是，該書獲得了二〇二〇年由美國亞洲學會所頒發的金・史密斯內亞書籍獎（E. Gene Smith Inner Asia Book Prize）。

自二〇一九年以來，我們可以看到第二代新清史學者延續第一代新清史的關注方向持續深化，首先延續第一代新清史學者如柯嬌燕和歐立德等人對於滿洲身分認同的討論，第二代新清史的進展則是對於位處東北的新滿洲及其族群身分認同進行探討。例如香港大學中國研究學程的助理教授金由美的近作《民族之蛹：中國的鄂倫春族與清朝邊政的遺產》，就運用滿漢文史料，研究清朝的東北邊疆政策與東北五族（達斡爾、錫伯、鄂倫春、赫哲與索倫）的認同，可以算是英文學界中第一部處理新滿洲的專著。鄂倫春人自十七世紀以來就住在東北地區，自一六八九年《尼布楚條約》簽訂後，就位處中俄夾縫間的重要地位。他們在清朝東北邊地的防衛與發展具有重要地位，同時他們也是中俄之間官私交流中的重要媒介。該書主張鄂倫春人雖然在清代被納入八旗制度中成為新滿洲，但是這並不能直接被理解為他們被官方接受為是滿洲族群的一員，而是清廷出於某種治理東北地區的策略考量下的決定。而這些策略考量也象徵了東北地區對清廷的多重意義，東北地區並非同質，東北地區的南部被視為是滿洲故鄉、龍興之地，但是黑龍江一帶因為與俄羅斯比鄰，因此具有重要戰略地位。在清代，鄂倫春人最初被分為兩類，一類是「摩凌阿」（滿語 *moringga*，意為騎馬的）鄂倫春，由八旗制度管轄並負責守邊，而另一類「雅發罕」（滿語 *yafahan*，意為步行的）鄂倫春則不屬於八旗制度管轄，而是負責為清廷上貢毛皮的部落民。後來由於劃定清俄邊界，又衍生出第三類，即俄羅斯屬下的鄂倫春。而後來清朝對於鄂倫春人的分類制度也成為現代鄂倫春族身分認同的重要歷史記憶。在現代鄂倫春人的歷史記憶中，鄂倫春人一方面為其先祖（例如海蘭察）保衛邊疆的愛國功業自豪，另一方面也有曾經作為士兵與獵人所遭受的壓抑與剝削。這書可以說是一部精采的鄂倫春族民族起源史。

另外延續第一代新清史如羅友枝、歐立德等人對清朝制度史與族群主權的關注，南衛理公會大學歷史系助理教授克禮（Macabe Keliher），二〇一九年十月出版的《禮部與清代中國的形成》就針對一六三一年大清建立禮部及其在清代早期國家建構的重要作用進行探索。他觀察到，「禮」不僅在清朝政府體制中無所不在，而且在清廷內部的政治鬥爭過程中以及指導政治行動者的行動與選擇上變得越發重要。而一六三一至一六五一年間，皇帝的角色、位置與權力也逐漸發展，而行政活動與官員常規也確定下來。這個過程最終到了一六九〇年康熙皇帝鞏固了大清在關內的統治，而且首度頒布《大清會典》作為集大成。這些發展都引出了清朝主權本質為何的問題以及作為大清的君主是如何被表述的問題——是作為滿洲統治者還是中國皇帝？作者主張禮部在早期清朝政府中是權力、權威與合法性形塑與運作的關鍵組織。它建構並強制實施了某種政治關係，並且時常根據特定的利益來定義與重新定義這些政治關係可能發生的條件，並且也是這些政治關係鬥爭與協調的場所。他提到了皇太極繼位為金國大汗後，面對四大貝勒共同執政的情況，他與漢臣聯手，利用禮制來壟斷政治與象徵權力，並且在政治鬥爭中脫穎而出。作者以一六三一年末由禮部開始施行的元旦節禮儀為例，說明這些舉措使得政府的中央集權與階序更加鞏固。在由禮制、儀式與服飾所構建的等級秩序中，滿洲、蒙古與漢人臣民與皇族一同為皇帝服務。透過探討過往中國王朝對禮制運用上的不同，該書將清朝置於傳統中國史的脈絡中討論；另外也將清朝放在同時期不同歐亞帝國的中央集權與國家建構模式中做比較。可以說同時繼承了第一代新清史的兩種不同取向。

目前我所觀察到的新清史發展也吸引了其他典範（像是著重於比較早期近代東西方社會經濟發展軌跡的加州學派）關注清代中國的內亞邊疆。例如二〇一五年十月出版的《二十世紀中國》（*Twentieth-Century China*）第四〇卷第三期就以彭慕然（Kenneth Pomeranz，或譯彭慕蘭）主編的專號「史學西移」為題，著重探討了資本主義、石油業以及鐵路在中國西北地區、新疆與西康等內亞邊疆的發展。彭慕然在該專號的導言中就提到，新清史強調清朝的滿洲性並將清帝國統治的成功歸諸於此，使得中國以外的學者開始思考這種帝國遺產對後繼的中華民國與中華人民共和國所產生的影響。特別是在民國時期的戰亂與相對弱勢的情況下，中華人民共和國政府是如何重建對過往清朝邊疆地區之緊密控制的問題。[249]

其次美國新清史的取向對於美國的俄羅斯帝國史研究也有所影響。例如喬治城大學帝俄史助理教授格列高里・阿菲諾格諾夫（Gregory Afinogenov）於二〇二〇年四月出版的作品《間諜與學者：中國的秘密與帝俄的世界強權之路》，就利用莫斯科、聖彼得堡、倫敦、巴黎與羅馬等地的俄文、法文、德文與英文材料，分析俄羅斯帝國如何從十七世紀到十九世紀透過各種管道蒐集中國情報。[250] 俄羅斯人透過購併陶瓷作坊以獲得商業機密，派遣佛教僧侶至蒙古蒐集情報，而東正教北京傳教團的留學生也同時負有間諜任務。從俄羅斯科學院這樣的學術組織，到外交部門與邊界哨站，都在大量生產關於中國的知識，然而，這些資訊後來被秘密封存，而未能廣泛流傳。該書分析了長年以來沙俄所蒐集的不同情報，主張不同情報的需求會隨著政府目標及偵蒐的地域而改變。自十七世紀彼得大帝的改革時代起，中國及其西伯利亞邊界是帝俄官僚主要關注的焦點。此時他們較為仰賴間諜活動來獲取情資，其來源也包括駐紮於中國的耶穌會士在內。到了十九世紀初，歐陸成為帝俄地緣政治的挑戰所在，俄英之間的競爭促使俄羅斯帝國轉向著重於面向公眾的知識工作以建立其權威，故東方學成為學術研究的重要部分。雖然這些佈局並沒有為沙俄帶來戰略或商業上的顯著利益，但是上述種種知識體制（knowledge regime）確實產生了後續效應。這些由俄羅斯諜報活動所篩選出的知識，後來也透過各種出版品傳入歐洲，使中國和西方列強的遭遇為人所知。該書不僅受益於第一代新清史學者（如米華健、歐立德與柯嬌燕）對清俄邊疆之間的人群與地理連結，也分享了第二代新清史學者（如馬世嘉）對於情報蒐集與流通的關注。

另外美國新清史也與其他早期近代中國的研究學派（例如強調民間文獻與田野調查的華南學派或稱歷史人類學學派）進行交流與借鑒，例如近期筆者與邱源媛、盧正恒、陳博翼、許臨君和孔令偉一同合作組稿的《歷史人類學學刊》二〇一七年十月發行的第十五卷第二期「重探『帝國』與『地方社會』——『華南研究』與『新清史』的對話」專號，就可以視為這樣的嘗試。在該刊中，也特邀蕭鳳霞、定宜莊、何翠萍、趙世瑜與羅新等學者從不同學科背景對這種嘗試的可能性提出他們的看法與建議。後來在二〇一九年七月十八日由北京大學人文社會科學研究院與廣州中山大學歷史人類學研究中心聯合主辦的北大文研論壇「書譜石刻：中古到近世華南與西域研究的對話」，則是對這個取向的延伸探索。[251]

總結而言，筆者認為美國新清史是受到多種學科與多國傳統影響下的產物。在美國新清史傳播到中國學界的過程中所出現的各種誤會與反感，其實都彰顯了傳統中國史學的正統史觀在面對美國新清史倒轉歷史敘事主體，從漢人視角轉移到滿洲視角時的不適應。美國新清史修正了過去把大清視為封閉落後的封建王朝看法，將中國與其他同時期的歐亞帝國等量齊觀，與近現代中國與馬列主義進化論史觀也有所差異。而中國的學界與社會未來是否能對這種另類歷史詮釋加以容忍與接受，也值得我們持續觀察。

本章部分內容曾見於〈爭議之外，「新清史」有何新進展〉，《澎湃新聞．私家歷史》，二〇一七年一月五日，http://www.thepaper.cn/newsDetail_forward_1587104，二〇一八年九月一日；〈望向遙遠的亞洲邊疆：二〇一七年內亞史新書過眼錄〉，《經濟觀察報書評》，二〇一八年一月

二十六日。http://www.eeo.com.cn/2018/0126/321533.shtml，二〇一九年二月二十五日；〈遊牧、信仰與政治：內亞史新書過眼錄〉，《經濟觀察報書評》，二〇一九年一月二十七日，http://www.eeo.com.cn/2019/0127/346684.shtml（二〇一九年二月二十五日）。

248 Max Oidtmann, *Forging the Golden Urn: The Qing Empire and the Politics of Reincarnation in Tibet* (New York: Columbia University Press, 2018).

249 Kenneth Pomeranz, "Introduction: Moving the Historiography West," *Twentieth-Century China*, vol. 40, no. 3 (October 2015), pp. 168–169.

250 Gregory Afinogenov, *Spies and Scholars: Chinese Secrets and Imperial Russia's Quest for World Power* (Cambridge and London: Belknap Press of Harvard University Press, 2020).

251 關於這場研討會的紀要，請參見〈【文研論壇 98 書譜石刻：中古到近世華南與西域研究的對話〉，北京大學人文與社會科學研究院，2019 年 7 月 18 日，http://www.ihss.pku.edu.cn/templates/learning/index.aspx?nodeid=122&page=ContentPage&contentid=2697，2020 年 7 月 20 日。

1980)。

238 Pär Kristoffer Cassel, *Grounds of Judgment: Extraterritoriality and Imperial Power in Nineteenth-Century China and Japan* (Oxford: Oxford University Press, 2012).

239 Matthew W. Mosca, *From Frontier Policy to Foreign Policy: The Question of India and the Transformation of Geopolitics in Qing China* (Stanford: Stanford University Press, 2013). 關於該書繁體中文版，參見羅盛吉譯，《破譯邊疆·破解帝國：印度問題與清代中國地緣政治的轉型》（新北：臺灣商務印書館，2019 年）。

240 Macabe Keliher, *The Board of Rites and the Making of Qing China* (Berkeley and Los Angeles: University of California Press, 2019).

241 Eric T. Schluessel, *Land of Strangers: The Civilizing Project in Qing Central Asia* (New York: Columbia University Press, 2020).

242 "David Porter | The Council on East Asian Studies at Yale University," The Council on East Asian Studies at Yale University, accessed July 20, 2020, https://ceas.yale.edu/people/david-porter.

243 the Manchu Studies Group 官方網站為 https://www.manchustudiesgroup.org/。

244 Kwangmin Kim, *Borderland Capitalism: Turkestan Produce, Qing Silver and the Birth of an Eastern Market* (Stanford: Stanford University Press, 2016).

245 David Brophy, *Uyghur Nation: Reform and Revolution on the Russia-China Frontier* (Cambridge, MA: Harvard University Press, 2016).

246 David A. Bello, *Across Forest, Steppe, and Mountain: Environment, Identity, and Empire in Qing China's Borderland* (Cambridge: Cambridge University Press, 2016).

247 Jonathan Schlesinger, *A World Trimmed with Fur: Wild Things, Pristine Places, and the Natural Fringes of Qing Rule* (Stanford: Stanford University Press, 2017). 簡體中文版參見關康譯，《帝國之裘：清朝的山珍、禁地以及自然邊疆》（北京：北京大學出版社，2019 年）。

the End of the Qing World, Princeton, NJ: Princeton University Press, 1990. 簡體中譯本參見陳兆肆譯，《孤軍：滿人一家三代與清帝國的終結》（北京：人民出版社，2016 年）。岡田英弘著，陳心慧、羅盛吉譯，《從蒙古到大清：遊牧帝國的崛起與承續》（臺北：臺灣商務印書館，2016 年）。

230 後兩位的批評皆收入汪榮祖編，《清帝國性質的再商榷：回應新清史》（臺北：遠流出版公司，2014 年）。

231 馬雅貞，《刻畫戰勳：清朝帝國武功的文化建構》（北京：社會科學文獻出版社，2016 年）。賴毓芝，〈圖像、知識與帝國：清宮的食火雞圖繪〉，《故宮學術季刊》第 29 卷第 2 期（2011 年冬季），頁 1–75。

232 Lai Hui-min and Su Te-Cheng, "Brass Consumption in the Qing Empire," in Elif Akçetin and Suraiya Faroqhi ed., *Living the Good Life: Consumption in the Qing and Ottoman Empires of the Eighteenth Century* (Leiden: Brill, 2018), pp. 333–356. Wu Jen-shu and Wang Dagang, "A Preliminary Study of Local Consumption in the Qianlong Reign (1736–1796): The Case of Ba County in Sichuan Province," in Akçetin and Faroqhi ed., *Living the Good Life*, pp. 187–212.

233 岡田英弘編，《清朝とは何か》（東京：藤原書店，2009 年），頁 24–25。

234 關於日本清朝史研究的詳細介紹，參見申斌，〈描摹多面向的大清帝國——以「何為清朝」為中心評介日本「清朝史」研究〉，《史林》2015 年第 1 期，頁 175–183。

235 Seonmin Kim, *Ginseng and Borderland: Territorial Boundaries and Political Relations Between Qing China and Choson Korea, 1636–1912* (Berkeley and Los Angeles: University of California Press, 2017).

236 Loretta E. Kim, *Ethnic Chrysalis: China's Orochen People and the Legacy of Qing Borderland Administration* (Cambridge, MA: Harvard University Asia Center, 2019).

237 這類主張的代表，參見 M. Sanjdorj, *Manchu Chinese Colonial Rule in Northern Mongolia*, trans. Urgunge Onon (New York: St. Martin's Press,

2018 年）；李勤璞，〈歐立德的滿文水平有多高？〉，《澎湃新聞．上海書評》2016 年 7 月 31 日，https://www.thepaper.cn/newsDetail_forward_1505984，2018 年 9 月 1 日。

220 胡祥雨，《清代法律的常規化：族群與等級》（北京：社會科學文獻出版社，2016 年）。哈斯巴根，《清初滿蒙關係演變研究》（北京：北京大學出版社，2016 年）。

221 Wu Guo, "New Qing History: Dispute, Dialog, and Influence," *The Chinese Historical Review*, vol. 23, no. 1 (May 2016), pp. 64–65.

222 李懷印，〈全球視野下清朝國家的形成與性質問題——以地緣戰略和財政構造為中心〉，《歷史研究》第 2 期（2019 年），頁 49–67。

223 定宜莊、歐立德，〈21 世紀如何書寫中國歷史：「新清史」研究的影響與回應〉，《歷史學評論》第 1 期（2013 年），頁 116–146。

224 歐立德，〈當我們談「帝國」時，我們談些什麼——話語、方法與概念考古〉，《探索與爭鳴》2018 年第 6 期，頁 49–57；汪榮祖，〈「中國」概念何以成為問題——就「新清史」及相關問題與歐立德教授商榷〉，《探索與爭鳴》2018 年第 6 期，頁 58–62；方維規，〈「中國」意識何以生成——勘測「新清史」的學術地層及其周邊構造〉，《探索與爭鳴》2018 年第 6 期，頁 63–68。

225 鄭詩亮，〈歐立德：新清史提供了一種不同的敘事，它沒有政治企圖〉，《澎湃新聞．上海書評》2016 年 11 月 27 日，https://www.thepaper.cn/newsDetail_forward_1568684，2018 年 9 月 1 日。

226 鄭詩亮，〈米華健談絲綢之路、中亞與新清史：發掘「被遺忘」的人群〉，《澎湃新聞．上海書評》2017 年 7 月 9 日，https://www.thepaper.cn/newsDetail_forward_1726436，2018 年 9 月 1 日。

227 柯嬌燕對中國學者的回應參見其個人網站：https://www.dartmouth.edu/~crossley/comment.shtml，2018 年 9 月 1 日。

228 袁劍，〈「新清史」為何被誤讀為「分裂史」〉，《澎湃新聞．上海書評》2015 年 5 月 1 日，https://www.thepaper.cn/newsDetail_forward_1326762，2018 年 9 月 1 日。

229 Pamela Kyle Crossley, *Orphan Warriors: Three Manchu Generations and*

應〉，《清代政治與國家認同》，頁 16–34。黃興濤後來又納入其他基於非漢文材料的研究來擴充討論這個問題，參見黃興濤，《重塑中華：近代中國「中華民族」觀念研究》（北京：北京師範大學出版社，2017 年）。

214 其批評所針對的學者是歐立德，參見歐立德，〈傳統中國是一個帝國嗎？〉，《讀書》2014 年第 1 期，頁 29–40。曹新宇、黃興濤，〈歐洲稱中國為「帝國」的早期歷史考察〉，《史學月刊》2015 年第 5 期，頁 52–63。

215 劉文鵬，〈內陸亞洲視野下的「新清史」研究〉，《歷史研究》2016 年第 4 期，頁 144–159。

216 沈衛榮，〈沈衛榮看「新清史」的熱鬧和門道（三）：藏傳佛教化的誤認〉，《澎湃新聞・上海書評》2017 年 9 月 6 日，https://www.thepaper.cn/newsDetail_forward_1784997，2018 年 9 月 1 日。沈衛榮的該系列文章可見於沈衛榮，〈我看「新清史」的熱鬧與門道——略議「新清史」語境中的中國、內亞、菩薩皇帝和滿文文獻〉，收入氏著，《大元史與新清史》（上海：上海古籍出版社，2019 年），頁 195–268。

217 楊珍，〈滿文史料在清史研究中的侷限〉，《光明日報》2016 年 6 月 1 日，http://epaper.gmw.cn/gmrb/html/2016-06/01/nw.D110000gmrb_20160601_1-14.htm，2018 年 9 月 1 日。

218 徐泓，〈「新清史」論爭：從何炳棣、羅友枝論戰說起〉，《首都師範大學學報》（社會科學版）2016 年第 2 期，頁 1–13。

219 鍾焓，〈北美「新清史」研究的基石何在？——是多語種史料考辯互證的實證學術還是意識形態化的應時之學？（上）〉，達力扎布主編，《中國邊疆民族研究》第 7 輯（北京：中央民族大學出版社，2013 年），頁 156–213；〈探究歷史奧妙的車道最好由考據的路口駛入：柯嬌燕構建的相關歷史命題評議〉，達力扎布主編，《中國邊疆民族研究》第 10 輯（北京：中央民族大學出版社，2017 年），頁 154–208。更為全面的批評，參見鍾焓，《清朝史的基本特徵再探究：以對北美「新清史」觀點的反思為中心》（北京：中央民族大學出版社，

Cambridge University Press, 2003); *Mainland Mirrors: Europe, Japan, China, South Asia, and the Islands*, vol. 2 of *Strange Parallels: Southeast Asia in Global Context, c.800–1830* (Cambridge and New York: Cambridge University Press, 2009).

204 定宜莊，〈美國學者近年來對滿族史與八旗制度史的研究簡述〉，《滿族研究》2002 年第 1 期，頁 60–63。

205 孫靜，〈歐立德著「滿洲之道：八旗與晚期中華帝國的族群認同」〉，《歷史研究》2005 年第 2 期，頁 188–189；孫衛國，〈滿洲之道與滿族化的清史——讀歐立德教授的「滿洲之道：八旗制度與清代的民族認同」〉，《中國社會歷史評論》第 7 期（2006 年），頁 399–410。

206 劉鳳雲、劉文鵬編，《清朝的國家認同》；劉鳳雲、董建中與劉文鵬編，《清代政治與國家認同》（北京：社會科學文獻出版社，2012 年）。

207 李治亭，〈「新清史」：「新帝國主義」史學標本〉，《中國社會科學報》2015 年 4 月 20 日，sscp.cssn.cn/xkpd/zm_20150/201504/t20150420_1592234.html，2018 年 9 月 1 日。

208 這系列論戰文章已收入《東方早報．上海書評》編輯部編，《殊方未遠：古代中國的疆域、民族與認同》（北京：中華書局，2016 年），頁 270–375。

209 楊念群，〈超越「漢化論」與「滿洲特性論」：清史研究能否走出第三條道路〉，《中國人民大學學報》2011 年第 2 期，頁 116–124。

210 盛韻，〈葛兆光再談歷史上的中國內外〉，《澎湃新聞．上海書評》2017 年 2 月 19 日，https://www.thepaper.cn/newsDetail_forward_1620229，2018 年 9 月 1 日。

211 姚大力，〈怎樣看待蒙古帝國與元代中國的關係〉，張志強主編，《重新講述蒙元史》（北京：三聯書店，2016 年），頁 20–29；沈衛榮，〈重新建構蒙元史敘事：中國學者面臨的重要學術挑戰〉，《重新講述蒙元史》，頁 10–19。

212 汪榮祖，〈為「新清史」辯護須先懂得「新清史」——敬答姚大力先生〉，《殊方未遠》，頁 328–329，333，334–336。

213 黃興濤，〈清朝滿人的「中國認同」——對美國「新清史」的一種回

2005). 簡體中譯本參見趙士玲譯，《從明到清時間的重塑》，《世界時間與東亞時間中的明清變遷》上卷（北京：三聯書店，2009 年）。

195 Peter C. Perdue, *China Marches West: The Qing Conquest of Central Eurasia* (Cambridge, MA: Belknap Press of Harvard University Press, 2005).

196 Pamela Kyle Crossley, Helen F. Siu, and Donald Sutton, eds., *Empire at the Margins: Culture, Ethnicity, and Frontier in Early Modern China* (Berkeley and Los Angeles: University of California Press, 2006).

197 Michael G. Chang, *A Court on Horseback: Imperial Touring and the Construction of Qing Rule* (Cambridge, MA and London: Harvard University Asia Center, 2007). 簡體中譯本參見董建中譯，《馬背上的朝廷：巡幸與清朝統治的建構（1680–1785）》（南京：江蘇人民出版社，2019 年）。

198 Chia Ning, "The Lifanyuan and the Inner Asian Rituals in the Early Qing (1644–1795)," *Late Imperial China*, vol. 14, no. 1 (June 1993), pp. 60–92.

199 Christopher P. Atwood, "'Worshiping Grace': The Language of Loyalty in Qing Mongolia," *Late Imperial China*, vol. 21, no. 2 (December 2000), pp. 86–139.

200 Emma Jinhua Teng, *Taiwan's Imagined Geography: Chinese Colonial Travel Writing and Pictures, 168–1895* (Cambridge, MA and London: Harvard University Asia Center, 2004). 繁體中譯本參見楊雅婷譯，《臺灣的想像地理：中國殖民旅遊書寫與圖像（1683–1895）》（臺北：臺灣大學出版中心，2018 年）。

201 Johan Elverskog, *Our Great Qing*: *The Mongols, Buddhism, and the State in Late Imperial China* (Honolulu: University of Hawai'i Press, 2006).

202 Huri Islamoğlu and Peter C. Perdue, *Shared Histories of Modernity: China, India and the Ottoman Empire* (New Delhi and New York: Routledge, 2009).

203 Victor Lieberman, *Integration on the Mainland*, vol. 1 of *Strange Parallels: Southeast Asia in Global Context, c. 800–1830* (Cambridge and New York:

Press, 1999).

186 Edward J. M. Rhoads, *Manchus and Han: Ethnic Relations and Political Power in Late Qing and Early Republican China, 1861–1928* (Seattle and London: University of Washington Press, 2000). 中譯本參見王琴、劉潤堂譯，《滿與漢：清末民初的族群關係與政治權力（1861–1928）》（北京：中國人民大學出版社，2010 年）。

187 Mark C. Elliott, *The Manchu Way: The Eight Banners and Ethnic Identity in Late Imperial China* (Stanford: Stanford University Press, 2001).

188 Joanna Waley-Cohen, "The New Qing History," *Radical Historical Review*, vol. 88 (Winter 2004), pp. 193–206. 中譯文參見董建中譯，〈「新清史」〉，收入劉鳳雲、劉文鵬編，《清朝的國家認同》，頁 394–406 頁。

189 James A. Millward, *Beyond the Pass: Economy, Ethnicity, and Empire in Qing Central Asia, 1759–1864* (Stanford: Stanford University Press, 1998). 中譯本參見賈建飛譯，《嘉峪關外：1759–1864 年新疆的民族、經濟與清帝國》（香港：香港中文大學出版社，2017 年）。

190 Philippe Forêt, *Mapping Chengde: The Qing Landscape Enterprise* (Honolulu: University of Hawai ʻ i Press, 2000).

191 Laura Hostetler, *Qing Colonial Enterprise: Ethnography and Cartography in Early Modern China* (Chicago: University of Chicago Press, 2001).

192 Patricia Ann Berger, *Empire of Emptiness: Buddhist Art and Political Authority in Qing China* (Honolulu: University of Hawai ʻ i Press, 2003).

193 James A. Millward et al. eds., *New Qing Imperial History: The Making of Inner Asian Empire at Qing Chengde* (London and New York: RoutledgeCurzon, 2004).

194 Lynn Struve, ed., *The Qing Formation in World-Historical Time*, Cambridge, MA: Harvard University Asia Center, 2004. 簡體中譯本參見趙世瑜等譯，《世界歷史時間中清的形成》，《世界時間與東亞時間中的明清變遷》下卷（北京：三聯書店，2009）。Lynn Struve, ed., *Time, Temporality, and Imperial Transition: East Asia from Ming to Qing* (Honolulu: University of Hawaiʻi Press and Association for Asian Studies,

Master (New Haven: Yale University Press, 1966). 中文版參見溫洽溢譯，《曹寅與康熙：一個皇帝寵臣的生涯揭秘》（桂林：廣西師範大學出版社，2014 年）。

177 Robert H. G. Lee, *The Manchurian Frontier in Ch'ing History* (Cambridge, MA: Harvard University Press, 1970).

178 Joseph Fletcher, "On Future Trends in Ch'ing Studies: Three Views," *Ch'ing-shih wen-t'i*, vol. 4, no. 1 (June 1979), pp. 105–106.

179 Samuel Grupper, "The Manchu Imperial Cult of the Early Qing Dynasty: Texts and Studies on the Tantric Sanctuary of Mahakala in Mukden" (PhD diss., Indiana University, 1980).

180 Beatrice S. Bartlett, *Monarchs and Ministers: The Grand Council in Mid-Ch'ing China, 1723–1820* (Berkeley and Los Angeles: University of California Press, 1991). 簡體中譯本參見董建中譯，《君主與大臣：清中期的軍機處（1723–1820）》（北京：中國人民大學出版社，2017 年）。

181 Stevan Harrell ed., *Cultural Encounters on China's Ethnic Frontiers* (Seattle and London: University of Washington Press, 1995).

182 李仁淵、蔡偉傑，〈專訪歐立德教授〉，《明清研究通訊》2016 年 10 月 15 日，http://mingqing.sinica.edu.tw/Academic_Detail/490，2018 年 9 月 1 日。

183 R. Kent Guy, "Who Were the Manchus? A Review Essay," *Journal of Asian Studies*, vol. 61, no. 1 (February 2002), pp. 151–164. 簡體中譯文參見孫靜譯，〈誰是滿洲人？——综合書評〉，收入劉鳳雲、劉文鵬編，《清朝的國家認同》，頁 129–146。

184 Evelyn S. Rawski, *The Last Emperors: A Social History of Qing Imperial Institutions* (Berkeley and Los Angeles: University of California Press, 1998). 簡體中文版參見周衛平譯，《清代宮廷社會史》（北京：中國人民大學出版社，2009 年）。繁體中文修訂版參見周衛平譯，《最後的皇族：滿洲統治者視角下的清宮廷》（新北：八旗文化，2017 年）。

185 Pamela Kyle Crossley, *A Translucent Mirror: History and Identity in Qing Imperial Ideology* (Berkeley and Los Angeles: University of California

Nineteenth-Century China and Japan (New York: Oxford University Press, 2012).

美國「新清史」的背景、爭議與新近發展

172 Ruth W. Dunnell and James A. Millward, "Introduction," in Millward et al. eds, *New Qing Imperial History: The Making of Inner Asian Empire at Qing Chengde* (London and New York: RoutledgeCurzon, 2004), pp. 3–4.

173 Ping-ti Ho 何炳棣, "The Significance of the Ch'ing Period in Chinese History," *Journal of Asian Studies*, vol. 26, no. 2 (February 1967), pp. 189–195. 繁體中譯文參見陳秋坤譯，〈清代在中國歷史上的重要性〉，《史繹》第 5 期（1968 年），頁 60–67；Evelyn S. Rawski, "Reenvisioning the Qing: The Significance of the Qing Period in Chinese History," *Journal of Asian Studies*, vol. 55, no. 4 (November 1996), pp. 829–850; 刪節簡體中譯文參見張婷譯，〈再觀清代——論清代在中國歷史上的意義〉，收入劉鳳雲、劉文鵬編，《清朝的國家認同：「新清史」的研究與爭鳴》（北京：中國人民大學出版社，2010 年），頁 1–18；Ping-ti Ho, "In Defense of Sinicization: A Rebuttal of Evelyn Rawski's 'Reenvisioning the Qing,'" *Journal of Asian Studies*, vol. 57, no. 1 (Feb., 1998), pp. 123–155. 刪節中譯文參見張勉勵譯，〈捍衛漢化——駁羅友枝之「再觀清代」〉，收入劉鳳雲、劉文鵬編，《清朝的國家認同》，頁 19–52。

174 芮瑪麗在這方面的代表作參見 Mary C. Wright, *The Last Stand of Chinese Conservatism: The T'ung-Chih Restoration, 1862–1874* (Stanford: Stanford University Press, 1957)。中譯本參見房德鄰等譯，《同治中興：中國保守主義的最後抵抗》（北京：中國社會科學出版社，2002 年）。

175 Pamela Kyle Crossley, "A Reserved View to 'New Qing History'," Unpublished manuscript. 本文由金宣旼（Kim Seon-Min）譯為韓文〈신'청사에 대한조심스러운 접근〉，Peter I. Yun 윤영인編，《외국학계의 정복왕조 연구 시각과 최근동향【國外征服王朝研究的視角與研究趨勢】》（首爾：東北亞歷史財團，2010 年），頁 183–216 頁。

176 Jonathan Spence, *Ts'ao Yin and the K'ang-hsi Emperor: Bondservant and*

162 Huri Islamoğlu and Peter C. Perdue, eds., *Shared Histories of Modernity: China, India & the Ottoman Empire* (London: Routledge, 2009).

清朝的情報搜集與邊疆政策的轉型

163 Mosca, *From Frontier Policy to Foreign Policy*.

164 關於本觀點的代表作，參見阿蘭・佩雷菲特（Alain Peyrefitte），王國卿等譯，《停滯的帝國：兩個世界的撞擊》（北京：三聯書店，1993年）。

165 Alastair I. Johnston, *Cultural Realism: Strategic Culture and Grand Strategy in Chinese History* (Princeton: Princeton University Press, 1998).

166 對傳統中國王朝與征服王朝的定義與區分，參見 Wittfogel, "General Introduction," in Wittfogel and Fêng, *History of Chinese Society*。

167 對早期現代中國分期的進一步討論，參見 Lynn Struve, ed., *The Qing Formation in World-Historical Time* (Cambridge, MA: Harvard University Asia Center, 2004)。中譯本參見趙世瑜等譯，《世界歷史時間中清的形成》，《世界時間與東亞時間中的明清變遷》下卷（北京：三聯書店，2009 年。而有關明清時期當代人對於時間與時代的理解，參見 Lynn Struve, ed., *Time, Temporality, and Imperial Transition: East Asia from Ming to Qing*, Honolulu: University of Hawai'i Press and Association for Asian Studies, 2005。簡體中譯本參見趙士玲譯，《從明到清時間的重塑》，《世界時間與東亞時間中的明清變遷》上卷（北京：三聯書店，2009 年）。

168 對晚期帝制中國分期的進一步討論，參見 Paul J. Smith and Richard von Glahn eds., *The Song-Yuan-Ming Transition in Chinese History* (Cambridge, MA: Harvard University Press, 2003)。

169 對於第一代新清史研究的評論，參見 R. Kent Guy, "Who Were the Manchus? A Review Essay," *Journal of Asian Studies*, vol. 61, no. 1 (February 2002), pp. 151–164.

170 張婷，〈漫談美國新清史研究〉，趙志強主編，《滿學論叢》第 1 輯（瀋陽：遼寧民族出版社，2011 年），頁 367。

171 Pär Cassel, *Grounds of Judgment: Extraterritoriality and Imperial Power in*

151 William Rozyscki, *Mongol Elements in Manchu* (Bloomington: Research Institute for Inner Asian Studies, Indiana University, 1994), p. 159.

152 黃麗君，〈孝治天下：入關前後滿族孝道觀念之轉化及其影響〉（碩士學位論文，國立中正大學歷史學系，2006 年）。

153 針對這個問題的討論，參見葉高樹，〈「滿族漢化」研究上的幾個問題〉，《中央研究院近代史研究所集刊》第 70 期（2010 年），頁 213–214。

154 Quentin Skinner, "Interpretation and the Understanding of Speech Acts," in *Regarding Method*, vol. 1 of *Visions of Politics* (Cambridge: Cambridge University Press, 2002), pp. 103–127.

155 滿漢兼子弟書包括《滿漢兼螃蟹段兒》與《滿漢合璧尋夫曲》，日本學者波多野太郎已經對這類文本進行研究。相關研究的簡短回顧，參見關家錚，〈二十世紀四十年代幾種《俗文學》周刊中有關「滿漢兼」及滿文譯本的研究〉，《滿族研究》2001 年第 3 期，頁 76–81。

156 松筠著，趙令志、關康譯，《閑窗錄夢譯編》（北京：中央民族大學出版社，2011 年）。

「新清史」視角下的乾隆皇帝與馬戛爾尼使團

157 Mark C. Elliott, *Emperor Qianlong: Son of Heaven, Man of the World* (New York: Longman, 2009). 簡體中文版參見青石譯，《乾隆帝》（北京：社會科學文獻出版社，2014 年）。繁體中文版參見青石譯，《皇帝亦凡人：乾隆．世界史中的滿洲皇帝》（新北：八旗文化，2015 年）。

158 定宜莊、歐立德，〈21 世紀如何書寫中國歷史：「新清史」研究的影響與回應〉，《歷史學評論》第 1 期（2013 年），頁 116–146。

159 關於該書的新近譯本，參見史景遷著，溫洽溢譯，《康熙：重構一位中國皇帝的內心世界》（桂林：廣西師範大學出版社，2011 年）。

160 戴逸，《乾隆帝及其時代》（北京：中國人民大學出版社，1992 年）。

161 Matthew W. Mosca, *From Frontier Policy to Foreign Policy: The Question of India and the Transformation of Geopolitics in Qing China* (Stanford: Stanford University Press, 2013).

and Peter B. Golden, eds., *The Cambridge History of Inner Asia: The Chinggisid Age*, (Cambridge: Cambridge University Press, 2009), pp. 120–134。

144 關於清朝的內亞特質，參見 Hiroki Oka, "The Mongols and the Qing Dynasty: The North Asian Feature of Qing Rule over Mongolia," in Tadashi Yoshida and Hiroki Oka, eds., *Facets of Transformation of the Northeast Asian Countries* (Sendai: The Center for Northeast Asian Studies, Tohoku University, 1998), pp. 129–152; Sugiyama Kiyohiko, "The Ch'ing Empire as a Manchu Khanate: The Structure of Rule under the Eight Banners," *Acta Asiatica,* vol. 88 (2005), pp. 21–48; 林士鉉，《清代蒙古與滿洲政治文化》（臺北：國立政治大學歷史學系，2009 年）。

145 有關蒙古人軍援滿清的初步研究，參見 Jagchid Sechin, "Mongolian Military Assistance to the Manchus at the Beginning of the Ch'ing Dynasty," in Bernard Hung-Kay Luk, ed., *Eastern Asia: History and Social Sciences*, vol. 4 of *Contacts between Cultures* (Lewiston: The Edwin Mellen Press, 1992), pp. 25–28。

146 日本學界以神田信夫、細谷良夫與岡田英弘等學者為代表；臺灣學界則有陳捷先、李學智與莊吉發等學者；中國學界則有王鍾翰、定宜莊與劉小萌等；美國學界則以白彬菊（Beatrice S. Bartlett）、歐立德與柯嬌燕等人為主要研究者。

147 Rhoads, *Manchus and Han*, pp. 35–36.

148 佟佳江，〈清代八旗制度消亡時間新議〉，《民族研究》1994 年第 5 期，頁 101–108。

149 儒家經典包括《四書》與《資治通鑑綱目》，佛經則有《滿文大藏經》，西學則有《西洋藥書》等。相關研究參見葉高樹，〈滿文翻譯的漢籍及其相關研究〉，《近代中國史研究通訊》第 26 期（1998 年），頁 70–86；蔡名哲，〈「西洋藥書」『祛毒藥油』譯注〉，《中國邊政》第 187 期（2011 年），頁 69–78。

150 佟永功、關嘉祿，〈乾隆朝〈欽定新清語〉探析〉，《滿族研究》1995 年第 2 期，頁 66–76。

(Ithaca, NY: East Asia Program, Cornell University), 2011.

137 關於黃培教授的代表作，參見 Pei Huang, *Autocracy at Work: A Study of the Yung-cheng Period, 1723–1735* (Bloomington: Indiana University Press, 1974); "New Light on The Origins of The Manchus," *Harvard Journal of Asiatic Studies*, vol. 50, no. 1 (June 1990), pp. 239–282。

138 Loretta E. Kim, "Review of *ReOrienting the Manchus*, by Pei Huang," *Journal of Asian Studies*, vol. 71, no. 1 (February 2012), pp. 245–247.

139 例如歐立德承認大清之所以成功，正在於滿人能採用漢人的政治傳統，同時又能維持自我認同。參見 Elliott, *The Manchu Way*, p. 3。

140 關於辛亥革命中的反滿衝突，參見 Edward J. M. Rhoads, *Manchus and Han: Ethnic Relations and Political Power in Late Qing and Early Republican China, 1861–1928* (Seattle: University of Washington Press, 2000), pp. 187–205。 至於滿人對辛亥革命後之處境的怨懟，參見翁福祥，〈臺灣滿族的由來暨現況〉，《中國邊政》第 179 期（2011 年），頁 63–64。

141 邵式柏（John R. Shepherd）亦將漢化當作描述性詞語使用，參見 John R. Shepherd, "Rethinking Sinicization: Processes of Acculturation and Assimilation," in Bien Chiang and Ho Ts'ui-ping, ed., *State, Market and Ethnic Groups Contextualized*, Taipei: Institute of Ethnology, Academia Sinica, 2003, p. 140。

142 人類學界對「涵化」最早的定義，包括由個人所組成之不同文化群體，因直接的連續性接觸，導致單方或雙方原有文化模式的改變等現象。此定義參見 Robert Redfield, Ralph Linton and Melville J. Herskovits, "Memorandum for the Study of Acculturation," *American Anthropologist*, vol. 38, no. 1 (January–March 1936), p. 149。

143 關於蒙元的漢化，參見 Herbert Franke and Denis Twitchett, ed., *Alien Regimes and Border States, 907–1368*, vol. 6 of John King Fairbank, ed., *The Cambridge History of China* (Cambridge: Cambridge University Press, 1994), p. 517。至於蒙古帝國的伊斯蘭化，參見 Devin DeWeese, "Islamization in the Mongol Empire," in Nicola Di Cosmo, Allen J. Frank

Philosophical Society, 1949), p. 15。

128 Marshall Sahlins, *Culture and Practical Reason* (Chicago: University of Chicago Press, 1976), pp. 166–204.

129 這裡引用柯嬌燕對 Manchuness 的用法，參見 Crossley, "*Manzhou yuanliu kao* and the Formalization of the Manchu Heritage," p. 779。

130 相關的進一步討論，參見蔡偉傑，〈論清朝前期的滿洲文化復興運動〉（碩士學位論文，國立政治大學民族學系，2005 年）。

131 參見歐立德著，李仁淵譯，〈滿文檔案與新清史〉，《故宮學術季刊》第 24 卷第 2 期（2005 年冬季），頁 2。

132 R. Kent Guy, "Who Were the Manchus? A Review Essay," *Journal of Asian Studies*, vol. 61, no. 1 (February 2002), p. 152.

133 例如 Millward et al. eds., *New Qing Imperial History*。

滿洲漢化問題新論

134 羅友枝與何炳棣的論辯和相關討論，參見王成勉，〈沒有交集的對話——論近年來學術界對「滿族漢化」之爭議〉，汪榮祖、林冠群主編，《胡人漢化與漢人胡化》（嘉義：國立中正大學臺灣人文研究中心，2006 年），頁 57–82。

135 關於 sinicization 一詞的中譯，該書作者認為譯為「漢化」並不適當。董建中翻譯的該書導言中則將其翻譯為中國化。但是筆者認為將 sinicization 譯為中國化，不僅脫離學界習慣用法，也不符合清朝的歷史脈絡。清朝皇帝屢次提到滿人漸入漢習，而非漸入「中國」習；這裡的「中國」所指為何，在該書與董建中的譯文中也缺乏明確的定義。因此筆者認為「漢化」這個漢譯雖不能令人滿意，但至少受到學界認可，並且合乎歷史脈絡。因此，本文仍然將 sinicization 譯為漢化。關於學界有關滿族漢化的討論，參見王成勉，〈沒有交集的對話——論近年來學術界對「滿族漢化」之爭議〉，頁 57–82；關於董建中翻譯的該書導言，參見黃培著，董建中譯，〈滿族文化的轉向（1583–1795）·導言〉，《清史研究》2012 年第 3 期，頁 136–149。

136 Pei Huang, *Reorienting the Manchus: A Study of Sinicization, 1583–1795*

in Late Imperial China (Stanford: Stanford University Press, 2001).

119 Pamela Kyle Crossley, *A Translucent Mirror: History and Identity in Qing Imperial Ideology* (Berkeley and Los Angeles: University of California Press, 1999).

120 Crossley, *A Translucent Mirror*, pp. 3–6.

121 Pamela Kyle Crossley, "*Manzhou yuanliu kao* and the Formalization of the Manchu Heritage," *Journal of Asian Studies*, vol. 46, no. 4 (November 1987), pp. 761–790; "The Qianlong Retrospect on the Chinese-Martial (*hanjun*) Banners," *Late Imperial China*, vol. 10, no. 1 (June 1989), pp. 63–107.

122 Pamela Kyle Crossley, *Orphan Warriors: Three Manchu Generations and the End of the Qing World* (Princeton: Princeton University Press, 1990), pp. 4–5.

123 Agency 中文譯為能動性、能動作用或動因，在此指一切能使社會結果有所不同的人的行動，無論是集體、結構以及個人的行動。在此主要是取其作為歷史之「推動因素」之意，故譯為動因。參見 David Jary 與 Julia Jary 編，周業謙、周光淦譯，《社會學辭典》（臺北：貓頭鷹，1998 年），頁 14。

124 James A. Millward, Review of *The Manchu Way*, by Mark C. Elliott, *Harvard Journal of Asiatic Studies*, vol. 62, no. 2 (December 2002), p. 477.

125 Peter C. Perdue, Review of *The Manchu Way*, by Mark C. Elliott, *Journal of Interdisciplinary History*, vol. 33, no. 2 (Autumn 2002), p. 344.

126 復興運動（revitalization movement）一詞為美國人類學者安東尼·華勒斯（Anthony Wallace）所創。其定義為一個社會的成員刻意、有意識並有組織地為創造一個更好的文化所作的努力。相關研究參見 Anthony F. C. Wallace, "Revitalization Movements," *American Anthropologist*, vol. 58, no. 2 (April 1956), pp. 264–281。

127 這種看法以魏復古（Karl A. Wittfogel）為代表，參見 Karl A. Wittfogel, "General Introduction," in Karl A. Wittfogel and Chia-shĕng Fĕng 馮家昇, *History of Chinese Society: Liao, 907–1125* (Philadelphia: American

書局，2014 年）。

111 在《倫敦皇家地理學會學報》第 28 卷（1858 年 7 月）上便刊載別爾米金與其他人所共同撰寫的〈阿穆爾河及其周邊地區考察紀行〉一文的英譯。在此也要感謝中國人民大學清史研究所博士生惠男見告此文。

作為清帝國建構制高點的承德

112 Millward et al. eds, *New Qing Imperial History*.

113 Phillippe Forêt, *Mapping Chengde: The Qing Landscape Enterprise* (Honolulu: University of Hawai'i Press, 2000).

114 有關清朝在蒙古統治的瓦解過程，參見 Mei-hua Lan, "The Mongolian Independence Movement of 1911: A Pan-Mongolian Endeavor" (PhD diss., Harvard University, 1996)。

115 有關清朝的民族隔離與地域封禁政策，參見馬汝珩、馬大正編，《清代的邊疆政策》（北京：中國社會科學出版社，1994 年）。

從內亞與日本視角反思清史與「華夷史觀」

116 王柯，《中國：從「天下」到民族國家》，增訂版（臺北：政大出版社，2017 年）。

清代的八旗制度與滿洲身分認同

117 有關兩者間的辯論，以何炳棣與羅友枝之間的「論戰」最受矚目。Ping-ti Ho 何 炳 棣 , "The Significance of the Ch'ing Period in Chinese History," *Journal of Asian Studies*, vol. 26, no. 2 (February 1967), pp. 189–195; Evelyn S. Rawski, "Reenvisioning the Qing: The Significance of the Qing Period in Chinese History," *Journal of Asian Studies*, vol. 55, no. 4 (November 1996), pp. 829–850; Ping-ti Ho, "In Defense of Sinicization: A Rebuttal of Evelyn Rawski's 'Reenvisioning the Qing,'" *Journal of Asian Studies*, vol. 57, no. 1 (February 1998), pp. 123–155.

118 Mark C. Elliott, *The Manchu Way: The Eight Banners and Ethnic Identity*

during the Fourteenth Century. Part II," *T'oung Pao*, Second Series, vol. 16, no. 1 (March 1915), p. 64.

101 汪大淵著，藤田豐八校注，《島夷志略校注》（北平：文殿閣書莊，1936 年），頁 3–4。

【III】後蒙古時代的明清帝國

從小中國到大中國的明清史再思考

102 神田信夫、松村潤與岡田英弘著，王帥譯，《紫禁城的榮光：明清全史》（北京：社會科學文獻出版社，2017 年）。

103 檀上寬著，王曉峰譯，《永樂帝：華夷秩序的完成》（北京：社會科學文獻出版社，2015 年）。

104 上田信著，高瑩瑩譯，《海與帝國：明清時代》（桂林：廣西師範大學出版社，2014 年）。

105 楊訥編，《元代白蓮教資料匯編》（北京：中華書局，1989 年）；楊訥，《元代白蓮教研究》，第 2 版（上海：上海古籍出版社，2017 年）。

106 Barend ter Haar, *The White Lotus Teachings in Chinese Religious History* (Leiden: E.J. Brill, 1992). 簡體中文版參見劉平 、王蕊譯，《中國歷史上的白蓮教》（北京：商務印書館，2017 年）。

107 詳細內容參見馬西沙，《清代八卦教》，新版（北京：中國社會科學出版社，2013 年）。

108 Susan Naquin, *Millenarian Rebellion in China: Eight Trigrams Uprising of 1813* (New Haven and London: Yale University Press, 1976). 簡體中文版參見陳仲丹譯，《千年末世之亂：1813 年八卦教起義》（南京：江蘇人民出版社，2010 年）。

109 Susan Naquin, *Shantung Rebellion: The Wang Lun Uprising of 1774* (New Haven and London: Yale University Press, 1981). 簡體中文版參見劉平、唐雁超譯，《山東叛亂：1774 年王倫起義》（南京：江蘇人民出版社，2008 年）。

110 張瑞龍，《天理教事件與清中葉的政治、學術與社會》（北京：中華

93 Peter Jackson, "Marco Polo and His 'Travels,'" *Bulletin of the School of Oriental and African Studies, University of London*, vol. 61, no. 1 (1998), pp. 82–101. Igor de Rachewiltz, "Marco Polo Went to China," *Zentralasiatische Studien*, vol. 27 (1997), pp. 34–92.

94 Stephen G. Haw, *Marco Polo's China: A Venetian in the Realm of Khubilai Khan* (New York: Routledge, 2006).

95 楊志玖，《馬可波羅與中外關係》，《楊志玖文集》第 3 冊（北京：中華書局，2015）；蔡美彪，〈試論馬可波羅在中國〉，《中國社會科學》1992 年第 2 期，頁 177–188；陳得芝，〈馬可波羅在中國的旅程及其年代〉，《元史及北方民族史研究集刊》第 10 期（1986 年），頁 1–9, 47；黃時鑒，〈關於茶在北亞和西域的早期傳播——兼說馬可波羅未有記茶〉，《歷史研究》1993 年第 1 期，頁 141–145；黨寶海，〈元代城牆的拆毀與重建——馬可波羅來華的一個新證據〉，《元史論叢》第 8 輯（2001 年），頁 46–53。

96 彭海，《馬可波羅來華史實》（北京：中國社會科學出版社，2010 年），頁 71–96。

97 Nick Squires, "Explorer Marco Polo 'Never Actually Went to China,'" *The Telegraph*, August 9, 2011, https://www.telegraph.co.uk/news/worldnews/europe/8691111/Explorer-Marco-Polo-never-actually-went-to-China.html. February 25, 2019.

98 Hans Ulrich Vogel, *Marco Polo* Was *in China: New Evidence from Currencies, Salts and Revenues* (Leiden and Boston: Brill, 2013).

世界史上的蒙古時代及歷史遺產

99 Timothy May, *The Mongol Empire* (Edinburgh: Edinburgh University Press, 2018), pp. 338–349.

100 早期將《島夷志略》摘譯為英文的美國漢學家柔克義（W. W. Rockhill）就將該書記載的琉球識別為臺灣西北部（North-western Formosa）。參見 W. W. Rockhill, "Notes on the Relations and Trade of China with the Eastern Archipelago and the Coast of the Indian Ocean

2009 年第 6 期，頁 5–19。

86 Paul R. Goldin, "Steppe Nomads as a Philosophical Problem in Classical China," in Paula L. W. Sabloff, ed., *Mapping Mongolia: Situating Mongolia in the World from Geologic Time to the Present* (Philadelphia: University of Pennsylvania Museum of Archaeology and Anthropology, 2011), pp. 220–246.

成吉思汗的宗教自由政策及歷史遺產

87 Jack Weatherford, *Genghis Khan and the Making of the Modern World* (New York: Crown Publisher, 2004). 簡體中文版參見溫海清、姚建根譯，《成吉思汗與今日世界之形成》（重慶：重慶出版社，2006 年）。

88 Jack Weatherford, *The Secret History of the Mongol Queens: How the Daughters of Genghis Khan Rescued His Empire* (New York: Crown Publisher, 2010). 簡體中文版參見趙清治譯，《最後的蒙古女王：成吉思汗之女如何拯救蒙古帝國》（重慶：重慶出版社，2011 年）。

89 Johan Elverskog, *Buddhism and Islam on the Silk Road* (Philadelphia and Oxford: University of Pennsylvania Press, 2010), pp. 228–229; May, *The Mongol Conquests in World History*, pp. 183–184. 該禁令全文參見陳高華、張帆、劉曉與黨寶海點校，《元典章》（天津：天津古籍出版社、北京：中華書局，2011 年），刑部卷 19，典章 57，頁 1893–1894。

90 《元史》，中華書局，1976 年，卷 5，頁 95。

91 Christopher P. Atwood, "Validation by Holiness or Sovereignty: Religious Toleration as Political Theology in the Mongol World Empire of the Thirteenth Century," *The International History Review*, vol. 26, no. 2 (June 2004), pp. 237–256.

馬可波羅是否到過中國？

92 Frances Wood, *Did Marco Polo Go to China?* (Boulder, CO: Westview Press, 1996). 簡體中文版參見洪允息譯，《馬可・波羅到過中國嗎？》（北京：新華出版社，1997 年）。

76 Bruno de Nicola, *Women in Mongol Iran: The Khātūns, 1206–1335* (Edinburgh: Edinburgh University Press, 2017); Anne F. Broadbridge, *Women and the Making of the Mongol Empire* (Cambridge: Cambridge University Press, 2018).

77 Igor de Rachewiltz, trans., *The Secret History of the Mongols: A Mongolian Epic Chronicle of the Thirteenth Century*, 2nd impr. with corr. (Leiden: Brill, 2006), vol. 1, p. 296.

78 Lkhamsuren Munkh-Erdene, "Mongolian Identity and Nationalism: Origin, Transformation and Nature (from Thirteenth Century to Mid–1920s)" (PhD diss., Hokkaido University, 2005).

79 Lkhamsuren Munkh-Erdene, "Where Did the Mongol Empire Come From? Medieval Mongol Ideas of People, State and Empire," *Inner Asia*, vol. 13 (2011), pp. 211–237.

80 Igor de Rachewiltz, trans., *The Secret History of the Mongols: A Mongolian Epic Chronicle of the Thirteenth Century*, vol. 3 (Supplement) (Leiden: Brill, 2013), pp. 59–63.

81 張建，〈火器與清朝內陸亞洲邊疆之形成〉（博士學位論文，南開大學歷史學院，2012 年）。

蒙古帝國是如何「發明」世界史的？

82 孔令偉，〈王岐山說的岡田英弘是誰？〉，《澎湃新聞・私家歷史》2015 年 5 月 18 日，https://www.thepaper.cn/newsDetail_forward_1331629，2020 年 6 月 20 日。

83 Joseph Fletcher, "Integrative History: Parallels and Interconnections in the Early Modern Period, 1500–1800,"*Journal of Turkish Studies*, vol. 9 (1985), pp. 37–57. 中譯文參見董建中譯，〈整體史：早期近代的平行現象與相互聯繫（1500–1800）〉，收入國家清史編纂委員會編譯組編，《清史譯叢》第 11 輯（北京：商務印書館，2013 年），頁 4–36。

84 杉山正明著，周俊宇譯，《蒙古顛覆世界史》，頁 126–129。

85 李治安，〈兩個南北朝與中古以來的歷史發展線索〉，《文史哲》

「成吉思大交換」與蒙古治世

65 J. J. Saunders, *The History of the Mongol Conquests* (London: Routledge & Kegan Paul, 1971).

66 David Morgan, *The Mongols*, 2nd ed. (Oxford: Blackwell, 2008).

67 Thomas T. Allsen, *Commodity and Exchange in the Mongol Empire: A Cultural History of Islamic Textiles* (Cambridge: Cambridge University Press, 1997); *Culture and Conquest in Mongol Eurasia*)Cambridge: Cambridge University Press, 2001).

68 Thomas T. Allsen, *The Royal Hunt in Eurasian History* (Philadelphia: University of Pennsylvania Press, 2006). 中文版參見湯瑪斯・愛爾森著，馬特譯，《歐亞皇家狩獵史》（北京：社會科學文獻出版社，2017 年）。

69 Linda Komaroff, Stefano Carbonia, and Metropolitan Museum of Art, eds., *The Legacy of Genghis Khan: Courtly Art and Culture in Western Asia, 1256–1353* (New York: Metropolitan Museum of Art, 2002).

70 Linda Komaroff, ed., *Beyond the Legacy of Genghis Khan* (Leiden: Brill, 2006).

71 May, *The Mongol Conquests in World History*.

72 Timothy May ed., *The Mongol Empire: A Historical Encyclopedia* (Santa Barbara, CA: ABC–CLIO, 2016).

73 Timothy May, *The Mongol Art of War: Chinggis Khan and the Mongol Military System* (Yardley, PA: Westholme, 2007).

74 關於蒙古與畏兀兒的關係，參見 Thomas T. Allsen, "The Yüan Dynasty and the Uighurs of Turfan in the 13th Century," in Morris Rossabi, ed., *China among Equals: The Middle Kingdom and Its Neighbors, 10th–14th Centuries* (Berkeley and Los Angeles: University of California Press, 1983), pp. 261–269.

75 Jack Weatherford, *The Secret History of the Mongol Queens: How the Daughters of Genghis Khan Rescued His Empire (New York: Crown Publishers, 2010)*. 簡體中文版參見趙清治譯，《最後的蒙古女王——成吉思汗之女如何拯救蒙古帝國》（重慶：重慶出版社，2012 年）。

49 陳高華、張帆、劉曉與黨寶海點校，《元典章》（天津：天津古籍出版社、北京：中華書局，2011 年）。

50 洪金富校定，《元典章》（臺北：中央研究院歷史語言研究所，2016 年）。

51 舩田善之，〈色目人與元代制度、社會——重新探討蒙古、色目、漢人、南人劃分的位置〉，《蒙古學信息》2003 年第 3 期，頁 7–16。

52 洪麗珠，〈寓制衡於參用：元代基層州縣官員的族群結構分析〉，《中國文化研究所學報》第 62 期（2016 年 1 月），頁 83–106。

53 Peter Jackson, *The Mongols and the Islamic World: From Conquest to Conversion* (New Haven and London: Yale University Press, 2017), pp. 7–8, 135, 409, 416.

印度視角下的蒙古征服中亞史

54 劉迎勝，《察合台汗國史研究》（上海：上海古籍出版社，2006 年）。

55 Peter Jackson, *The Delhi Sultanate: A Political and Military History* (Cambridge and New York: Cambridge University Press, 1999).

56 Michal Biran, *Qaidu and the Rise of the Independent Mongol State in Central Asia* (Richmond: Curzon, 1997).

57 黨寶海，〈外交使節所述早期蒙金戰爭〉，收入姚大力、劉迎勝編，《清華元史》第 3 輯（北京：商務印書館，2015 年），頁 169。

58 志費尼著，何高濟譯，《世界征服者史》（北京：商務印書館，2004 年），上冊，頁 148。

59 Igor de Rachewiltz, trans., *The Secret History of the Mongols: A Mongolian Epic Chronicle of the Thirteenth Century*, 2nd impr. with corr. (Leiden: Brill, 2006), vol. 2, p. 943.

60 志費尼，《世界征服者史》，上冊，頁 156。

61 Jackson, *The Delhi Sultanate*, pp. 33–34.

62 Jackson, *The Delhi Sultanate*, p. 106.

63 Jackson, *The Delhi Sultanate*, pp. 104–106.

64 Jackson, *The Delhi Sultanate*, pp. 112, 114.

刊》第 580 冊（海口：海南出版社，2000 年），第 4 卷，頁 9a–12b。

【II】蒙古時代的先聲與其歷史遺產

安史之亂至蒙古時代的歐亞歷史趨勢

38 參見姚大力，〈推薦序：一段與「唐宋變革」相併行的故事〉，收入杉山正明著，烏蘭與烏日娜譯，《疾馳的草原征服者：遼．西夏．金．元》（桂林：廣西師範大學出版社，2014 年），頁 i–xvii。

39 藤善真澄，《安祿山―皇帝の座をうかがった男》（東京：人物往來社，1966 年），頁 217、275；中譯本參見張恒怡譯，《安祿山：皇帝寶座的覬覦者》（上海：中西書局，2017 年），頁 198、252。

40 榮新江，〈安祿山的種族、宗教信仰及其叛亂基礎〉，收入氏著，《中古中國與粟特文明》（北京：三聯書店，2014 年），頁 266–291。

41 沈睿文，《安祿山服散考》（上海：上海古籍出版社，2015 年），頁 6、18、137、141、152、255、280–281。

42 有關該書的商榷書評，參見方圓，〈安祿山到底有沒有服散〉，《澎湃新聞．私家歷史》2015 年 7 月 21 日，http://www.thepaper.cn/newsDetail_forward_1352303，2018 年 9 月 1 日。

43 《遼史》，修訂版（北京：中華書局，2016 年）。

44 劉浦江撰，邱靖嘉整理，〈「遼史」的纂修與整理〉，《澎湃新聞．上海書評》2016 年 5 月 9 日，http://www.thepaper.cn/newsDetail_forward_1465774，2018 年 9 月 1 日。

45 劉浦江，〈遼朝國號考釋〉，收入氏著，《松漠之間：遼金契丹女真史研究》（北京：中華書局，2008 年），頁 27–52。

46 劉浦江，〈遼代的渤海遺民——以東丹國和定安國為中心〉，收入氏著，《松漠之間》，頁 367–386。

47 王小甫，〈契丹建國與回鶻文化〉，收入氏著，《中國中古的族群凝聚》（北京：中華書局，2012 年），頁 118–152。

48 羅新，〈耶律阿保機之死〉，收入氏著，《黑氈上的北魏皇帝》，頁 96–122。

絲綢之路的兩種歷史詮釋

27 Liu Xinru, *The Silk Road in World History* (New York: Oxford University Press, 2010). 繁體中文版參見李政賢譯，《一帶一路：帶你走入絲路的歷史》（臺北：五南圖書出版有限公司，2018 年）。

28 James A. Millward, *The Silk Road: A Very Short Introduction* (Oxford and New York: Oxford University Press, 2013). 簡體中文版參見馬睿譯，《絲綢之路》（北京：譯林出版社，2017 年）。

歐亞皇室狩獵的長時段歷史

29 Otto Bell, *The Eagle Huntress* (New York: Kissaki Films, 2016).

30 Stephen Mulvey, "Is the Eagle Huntress Really a Documentary?" *BBC News*, February 6, 2017, www.bbc.com/news/magazine-38874266, September 1, 2018.

31 Kh. Aminaa, "Eagle Huntress N. Aisholpan Receives Offers from Harvard and Oxford," *Montsame*, November 9, 2017, www.montsame.mn/en/read/12343, September 1, 2018.

32 湯瑪斯．愛爾森著，馬特譯，《歐亞皇家狩獵史》（北京：社會科學文獻出版社，2017 年）。

33 原摺參見洪安全主編，《清宮宮中檔奏摺臺灣史料》（臺北：國立故宮博物院，2001 年），第 1 冊，頁 86–87。

34 國立故宮博物院編輯委員會編，《故宮臺灣史料概述》（臺北：國立故宮博物院，1995 年），頁 271。

35 詳見陳懷宇，〈裝飾與象徵：中世紀視野中的猛獸與王權〉，收入氏著，《動物與中古政治宗教秩序》（上海：上海古籍出版社，2012 年），頁 258–313。

36 Mark C. Elliott and Chia Ning, "The Qing Hunt at Mulan," in James A. Millward, Ruth W. Dunnell, Mark C. Elliott, and Philippe Forêt, eds., *New Qing Imperial History: The Making of Inner Asian Empire at Qing Chengde* (London and New York: RoutledgeCurzon, 2004), pp. 66–83.

37 詳細碑文參見故宮博物院編，《清仁宗御製文二集》，《故宮珍本叢

結》（新北：八旗文化出版社，2016 年）。

19 日文原名「疾駆する草原の征服者—遼・西夏・金・元」，簡體中文版參見烏蘭、烏日娜譯，《疾馳的草原征服者：遼・西夏・金・元》（桂林：廣西師範大學出版社，2014 年）。繁體中文版參見郭清華譯，《疾馳的草原征服者：遼、西夏、金、元》（新北：臺灣商務印書館，2017 年）。

20 這三篇文章參見姚大力，〈一段與「唐宋變革」相併行的故事〉，《東方早報・上海書評》2013 年 1 月 6 日；羅新，〈元朝不是中國的王朝嗎？〉，《東方早報・上海書評》2013 年 8 月 11 日；黃曉峰、錢冠宇，〈張帆談元朝對中國歷史的影響〉，《東方早報・上海書評》2015 年 6 月 14 日。另外，《東方早報・上海書評》目前已經改名為《澎湃新聞・上海書評》。

21 本訪談參見黃曉峰，〈杉山正明談蒙元帝國〉，《東方早報・上海書評》2014 年 7 月 27 日。

22 繁體中文版參見王道還、廖月娟譯，《槍炮、病菌與鋼鐵：人類社會的命運》（*Guns, Germs, and Steel: The Fate of Human Societies*）（臺北：時報文化出版公司，1998 年）。

23 參見杉山正明著，周俊宇譯，《蒙古顛覆世界史》，頁 213。有關作者對於帝國分類的詳細研究，參見前揭書的第四章「人類史上的『帝國』」。

24 羅新，〈耶律阿保機之死〉，《東方早報・上海書評》2014 年 3 月 23 日；後收入氏著，《黑氈上的北魏皇帝》（北京：海豚出版社，2014 年），頁 96–122。

25 Hans Ulrich Vogel, *Marco Polo Was in China: New Evidence from Currencies, Salts and Revenues* (Leiden and Boston: Brill, 2013).

26 Timothy May, *The Mongol Conquests in World History* (London: Reaktion Books, 2011), pp. 81–106. 簡體中文版參見馬曉林、求芝蓉譯，《世界歷史上的蒙古征服》（北京：民主與建設出版社，2017 年），頁 100–135。

vol. 8, no. 1 (1992), pp. 43–97. 簡體中譯文參見袁劍譯，〈中亞的中央性〉，《全球史評論》第 11 輯（2016 年），頁 16–74。

9 David Christian, "Inner Eurasia as a Unit of World History," *Journal of World History*, vol. 5, no. 2 (1994), pp. 173–211.

10 Peter B. Golden, *Central Asia in World History* (New York: Oxford University Press, 2011). 繁體中文版參見李政賢譯，《一帶一路：帶你走入中亞的歷史》（臺北：五南圖書出版有限公司，2017 年）。

歐亞遊牧文明起源的新認識

11 D. 策溫道爾吉、D. 巴雅爾等著，潘玲、何雨濛等譯，《蒙古考古》（上海：上海古籍出版社，2019 年）。

12 特爾巴依爾，〈赫列克蘇爾遺存的年代及相關問題〉，《北方民族考古》第 2 輯（2015 年），頁 57。

13 杉山正明著，陳心慧譯，《蒙古帝國的漫長遺緒》（新北：八旗文化，2019 年），頁 78–88。

14 Philip L. Kohl, *The Making of Bronze Age Eurasia* (Cambridge: Cambridge University Press, 2007), p. 186.

超越民族國家的視野

15 日文原名「游牧民から見た世界史」，繁體中文版參見黃美蓉譯，《大漠：遊牧民族的世界史》（新北：廣場出版社，2011 年）。隨後並於 2013 年發行平裝版，並據日文原題改名為《遊牧民的世界史》。

16 日文原名「クビライの挑戦―モンゴルによる世界史の大転回」，繁體中文版參見周俊宇譯，《忽必烈的挑戰：蒙古與世界史的大轉向》（新北：廣場出版社，2012 年；新北：八旗文化出版社，2014 年）。

17 日文原名「モンゴルが世界史を覆す」，繁體中文版參見周俊宇譯，《顛覆世界史的蒙古》（新北：八旗文化出版社，2014 年）。

18 日文原名「世界史の誕生―モンゴルの発展と伝統」，繁體中文版參見陳心慧譯，《世界史的誕生：蒙古的發展與傳統》（新北：廣場出版社，2013 年）。新版改名為《世界史的誕生：蒙古帝國與東西洋史觀的終

註釋

前言

1 本田実信，《モンゴル時代史研究》（東京：東京大學出版会，1991年）。

2 岡田英弘著，陳心慧譯，《世界史的誕生：蒙古帝國的文明意義》（北京：北京出版社，2016 年）。

3 杉山正明著，周俊宇譯，《蒙古顛覆世界史》（北京：三聯書店，2016 年），頁 21。

4 岡田英弘，《世界史的誕生》，頁 169–170。

【I】世界史上的內亞、遊牧民與絲綢之路

歐亞歷史上的輻輳之地

5 Owen Lattimore, *Inner Asian Frontiers of China* (New York: American Geographical Society, 1940). 簡體中譯本參見唐曉峰譯，《中國的亞洲內陸邊疆》（南京：江蘇人民出版社，2008 年）。

6 Denis Sinor, *Inner Asia: History–Civilization–Languages: A Syllabus*, rev. ed. (Bloomington: Research Center for the Language Sciences, Indiana University, 1971).

7 A. H. Dani, eds., *History of Civilizations of Central Asia*, 6 vols. (Paris: UNESCO Publishing, 1992–2005). 簡體中譯本參見芮傳明等譯，《中亞文明史》，6 卷（北京：中國對外翻譯出版公司，2002–2013 年）。

8 Andre Gunder Frank, "The Centrality of Central Asia," *Studies in History*,

從馬可波羅到馬戛爾尼

蒙古時代以降的內亞與中國

作者	蔡偉傑
總編輯	富察
主編	洪源鴻
責任編輯	涂育誠
企劃	蔡慧華
封面設計	許紘維
排版	宸遠彩藝
社長	郭重興
發行人兼出版總監	曾大福
出版發行	八旗文化／遠足文化事業股份有限公司
地址	新北市新店區民權路 108-2 號 9 樓
電話	〇二～二二一八～一四一七
傳真	〇二～八六六七～一〇六五
客服專線	〇八〇〇～二二一～〇二九
信箱	gusa0601@gmail.com
臉書	facebook.com/gusapublishing
部落格	gusapublishing.blogspot.com
法律顧問	華洋法律事務所／蘇文生律師
印刷	成陽彩色印刷有限公司
出版日期	二〇二〇年九月（初版一刷）
定價	四五〇元整

從馬可波羅到馬戛爾尼：
蒙古時代以降的內亞與中國
蔡偉傑著／初版／新北市／八旗文化出版
遠足文化發行／2020.09
ISBN 978-986-5524-24-1（平裝）

一、民族史　二、遊牧民族
三、中國史

639

109011655